인생이 바뀌는
시간관리의 비밀

인생이 바뀌는 시간관리의 비밀

뇌를 완전히 바꿔서 시간을 장악하라

리치 노튼 지음 | 신용우 옮김

동양북스

이 책을 그리프에게 바칩니다.

감동적이고 놀랍다! 리치 노튼은 일평생 너무 많은 어려움을 겪었지만, 극복하고 삶을 감싸 안는 기술로 우리가 시간을 되찾고 꿈속을 살도록 돕는다.

_ **수전 케인**, 《비터스위트》, 《콰이어트》의 저자

우리는 시간을 잘못 알고 있었다! 리치 노튼은 시간의 개념을 바꾸고 우리에게 시간을 남용하는 게 아닌, 사용하는 방법을 알려준다. 우리는 시간이 부족했던 게 아니라 시간에 대한 관심이 부족했던 것이다. 시간이 나를 지배하는 것을 막고 완벽한 통제를 얻으며, 나를 자유롭게 만들어 정말 중요한 일을 하고, 우리의 두뇌를 완전히 바꾼다. 도저히 읽기를 멈출 수 없는, 이 책은 열쇠다!

_ **제이 에이브러햄**, '마케팅의 신'으로 불리는 미국 최고의 마케팅 전문가

리치의 글은 나의 생각을 바꾸고 감동을 줬다. 즉시 나의 관점을 바꾸고 미래를 현실로 가지고 왔다. 책에 나오는 질문을 통해 내 마음의 우선순위를 바꾸고 인생을 개혁했다.

_ **시라**, 그래미상 수상 뮤지션

강력하다! 이 책은 우리의 인생과 시간에 무엇이 진짜 중요한지 확실하게 우선순위를 알려준다.

_ **마셜 골드스미스 박사,** 임원 코치, 《트리거》의 저자

획기적인 통찰력이 가득한 이 놀라운 책은 엄청나게 현실적이고 또 실용적이다. 우리가 해결하려고 노력하는 일과 삶을 위한 자유의 복잡한 단계를 단순하게 만든다. 이미 나는 삶, 가족, 그리고 사업에 더 많은 여유를 갖고 영감, 희망, 즐거움을 얻고 있다. 당신도 할 수 있다!

_ **스티븐 M. R. 코비,** 《신뢰의 속도》의 저자

새로운 무언가를 시작하거나, 시간이 필요하거나, 일을 마무리하는 방법을 보여주는 청사진을 찾고 있다면 이 책이 딱 맞다. 시간을 통제하고 결과를 관리하는 정확한 방법을 보여준다. 나는 리치와 함께 일하며 이 전략들을 많이 사용해왔다.

_ **팻 플린,** 플린더스트리의 CEO

시간관리에 대한 생각을 영원히 바꿔놓을 책이다. 장기적으로 생각하는 방법, 그리고 원하는 삶을 창조하기 위한 올바른 단계들을 배울 수 있다.

_ **도리 클라크,** 《롱 게임》의 저자, 듀크대학교 푸쿠아경영대학원 임원 코칭 교수

이 책은 내가 '우리 시대의 가장 많이 스트리밍된 레코드 뮤지션'이 되고, 피아노를 연주할 때 도움을 준 패턴을 따른다. 체크리스트에 얽매이면 모든 모험에서 성공할 수 있는 더 큰 힘을 추구하지 못한다. 전에 없던 것을 함께 창조해 주변의 모든 삶을 좋게 만드는 힘을 깨닫게 한 리치에게 감사한다.

_ **폴 카달,** 30억 회 이상 스트리밍된 No.1 빌보드 아티스트

이 책은 삶과 사업을 번영하게 하고 나의 시간을 세상에서 가장 값지게 만든다. 리치 노튼은 나의 오랜 멘토로, 이 책에는 내가 가난한 학생에서 성공한 작가이자 사업가가 되도록 도움을 준 내용이 그대로 들어 있다. 나는 가족과 함께 보내는 즐거운 시간도 희생하지 않고 꿈을 이뤘다. 큰 영감을 주는 책이다.

_ **벤저민 하디 박사,** 《최고의 변화는 어디서 시작되는가》의 저자

책에서 소개하는 시간 장악의 원칙을 적용하면, 인생을 시작점이 아닌 정상에서 보게 된다. 나는 시간이 부족한 바쁜 변호사에서 지금은 남편과 아버지로서 즐겁게 가치를 누리는 삶을 살고 있다. 동시에 사업도 확장해 생각보다 많은 사람에게 영향력을 미치며 이상적인 삶을 산다. 이 책은 삶에 가장 중요한 유산을 남겼다. 리치가 전하는 가족, 삶, 그리고 사업의 가치는 돈으로 환산할 수 없다.

_ **AJ 그린**, 그르노블 랜드 기업의 CEO

지금까지 알던 시간관리법은
몽땅 버려라!

"탄도 미사일 한 발이 하와이를 위협 중. 즉시 대피소로 가서 추가 안내를 기다릴 것."

하와이에 있는 집과 가족에게서 수천 킬로미터 떨어진 친구 집에 있을 때 한 통의 문자 메시지를 받았다.

즉시 아내에게 전화를 걸었지만 받지 않았다. 아들 셋에게도 전화를 걸었지만, 역시나 받지 않았다.

"실제 상황이야. 이거 보면 '확인' 문자 보내."

다시 전화를 걸자, 13살 난 아들 카든이 받았는데 놀라서 말을 더듬으며 눈물 어린 작별 인사를 건넸다.

"정말 사랑해요, 아빠."

나는 주저앉아 허공을 응시했다. 몸속으로 큰 슬픔이 밀려왔는데,

왠지 익숙한 무력감이었다. 바퀴가 돌듯, 나의 세상이 또다시 무너져 내리고 있었다. 짧은 순간, 내 마음은 하나의 비극에서 다음 비극으로 요동쳐 나갔다. 나와 내 가족을 이 순간까지 이끌어온 수많은 일들이 빠르게 스쳐 지나갔다.

인생이 바뀐 결정적 순간들

아내인 나탈리는 네 번째 아들 개빈을 출산하기 위해 입원했다. 하지만 결국 아기는 수축성 백일해로 세상을 떠났고, 우린 빈 가슴과 손으로 병원을 나와야 했다.

나탈리의 남동생 개빈을 묻던 날이 떠올랐다. 아들과 같은 이름의 개빈은 21살에 자다가 갑자기 세상을 떠났다.

또한, 입양에 실패한 예쁜 세 명의 양자들도 떠올랐다. 이 세상 어디에서 무엇을 하고 있을지 끝내 알 수 없어, 때로는 사랑하는 사람을 죽음으로 잃은 것보다 더 고통스럽다.

가장 최근의 일도 떠올랐다. 내 아내 나탈리에 관한 것이다. 입양 실패를 겪고 공항으로 향하는 차 안에서 나탈리에게 뇌졸중 증상이 왔다. 나탈리는 기억을 잃었고, 단어들을 말하지 못했다. 우리의 이름도 기억하지 못했다. 많은 것을 떠올리지 못했다. 당시 12살이었던 큰아들 롤리가 자신의 이름도 말하지 못하는 엄마를 진정시키고 있었다. 나는 미친 듯이 가까운 병원을 검색해 곧장 고속도로를 내려왔다.

나는 제발 우리가 감당할 수 있는 상황이기를 바랐다. 우리는 여러 병원을 옮겨 다녔다. 의사들은 모든 테스트를 다 해봤지만, 아무것도 찾아내지 못했다. 뇌졸중이 일어난 건 알았지만 기적적으로 뇌에는 아무런 손상이 없었다. 2~3일 뒤, 나탈리의 정신과 기억은 평소대로 돌아왔지만 조금 오락가락하는 부작용이 생겼다.

"다시 발생할 수 있어요. 사실, 다시 발생할 확률이 높습니다." "평소대로 생활하세요. 병원에서 할 수 있는 건 없습니다."

나는 나탈리에게 여행은 건너뛰고 집으로 가는 게 좋겠다고 말했다. "그럴 수 없어." 그녀가 말했다. 나탈리는 남동생을 잃고, 아기를 잃고, 세 양자를 잃은, 너무 많은 일을 겪은 상황에서 침대에 누워버리면 다시는 일어나지 못할 거라고 말했다.

자신과 가족을 위해 다른 모습을 보여주길 원했다. 병원에서도 달리 처방해줄 게 없다면 차라리 여유를 가지고 용기를 내보는 건 어떨까? 그래서 나탈리는 공포와 맞서며 계획을 세웠다.

뇌졸중 당시 그녀가 보여준 놀라운 용기를 생각하면, 이 미사일 경고 상황도 분명히 잘 대처하리라고 생각했다. 그런데 내 마음이 다음 비극에 또다시 부딪혔다.

그때 난 어떤 행사에 연사로 참석하기 위해 섬을 떠나 있었고, 새로운 납품업체를 만나기 위해 중국으로 갈 계획이었다. 미국 본토에 머물던 중 늦은 밤 하와이에 있는 친구에게 전화가 왔다. 그 친구는 전화를 두 번 한 뒤, 문자를 남겼다.

11살 된 아들 링컨이 부주의하게 과속 중이던 차에 치였다고 했다. 어찌나 심하게 다쳤는지 현장에 있던 다른 친구는 링컨인지 알아보지도 못했다고 했다.

나는 강연과 중국 출장을 취소하고 즉시 아오후섬으로 돌아갔다. 병원에 도착해 이번에는 다른 아들이 병상에 있는 모습을 본 기억이 떠올랐다. 링컨은 폐가 망가졌고 충격으로 간의 일부가 완전히 손상됐다. 고통이 너무 심했고, 너무 많은 곳을 다쳤으며, 너무나 많은 수술이 기다리고 있었다. 마침내 정신이 들었을 때, 아들은 처음으로 이런 말을 했다.

"우리 상어 다이빙 갈 수 있는 거죠?"

생일에 가기로 한 장소였다. 그렇게 아들은 병원에서 12살을 맞이했다. 그런데, 왜 나는 미사일이 떨어지려는 순간에 이런 가족사를 떠올렸을까?

- 아들이 백일해로 죽은 일
- 처남이 21살의 나이로 돌연사한 일

- 2년 동안 양육한 양자 셋을 잃은 일

- 35세 아내가 뇌졸중에 걸린 일

- 11살 아들의 목숨을 앗아갈 뻔한 큰 자동차 사고

하와이주에서 보낸 첫 번째 경고 문자를 다시 읽으며, 난 공포와 고통에 휩싸여 이런 생각을 했다.

"적어도 우리는 후회 없이 살았다."

우리를 여러 번 덮친 비극은 우리가 가치를 좇고, 시간을 중요시하는 삶에 극도로 매달리게 했다. 우리는 꿈을 미래로 미루지 않았다. 꿈을 이루는 데 필요한 돈과 경험이 생기길 바라면서 그 '언젠가'를 기다리지 않았다. 오늘을 꿈처럼 살았다. 우리는 삶의 덧없음과 시간이라는 통화의 가치를 이해했다. 언제나 그 가치를 좇으며 살았다.

하와이에 있는 고향 사람들이 욕조와 옷장에 몸을 숨기고 하수구를 통해 대피소에 가려고 맨홀 구멍을 엿보는 동안, 나는 4천 킬로미터 이상 떨어진, 참기 힘들 정도로 안전한 장소에 앉아 있었다. 내 인생에서 가장 긴 38분이 이어졌다. 마침내 '이상 없음' 소식이 들려왔다.

이 모든 난리는 '사용자 오류'라고 정부와 지역 뉴스에서 발표했다. 몸에서 아드레날린이 빠져나가며 깊은 안도감이 찾아왔고, 한 가지 중요한 생각에 더 없는 감사함을 느꼈다.

'후회 없는 삶.'

처남 개빈과 나의 아들 개빈, 두 명의 개빈이 세상을 떠났을 때, 멘토가 그들의 짧은 삶에서 무엇을 배웠냐고 물었다. 나는 '개빈의 법칙'이라고 부르는 '시작을 위해 산다. 살기 위해 산다'를 자세히 설명했다. 나는 이 좌우명을 전 세계의 수백만 명과 공유하고 있다.

트라우마는 사고방식을 바꾼다. 살면서 겪은 두 개빈과의 작별은 내 인생이 어떻게 이루어져 있는지 다시 생각하게 했다. 그리고 다른 사람은 이 말을 어떻게 자신만의 방식으로 지키는지 살펴봤다. 이 말은 가족, 친구, 지인들의 삶의 문제와 내면의 갈등을 변화시켰다. 그리고 가치와 시간을 선택하는 방법도 바꾸었다. 가족, 친구, 꿈을 가장 먼저 선택하고 대가를 신경 쓰지 않으며, 의미 있는 일을 선택하도록 도왔다는 말을 들었다. 비로소, 돈과 의미를 모두 얻을 수 있었다.

개빈의 법칙에는 부정할 수 없는 힘이 있다. 마음에 떠오르는 아이디어를 시작하기 위한 삶, 진짜 삶을 살기 위해 이런 아이디어를 시작하는 것은 참된 경험이다.

바닥 치는 고통을 겪고 나서
깨달은 시간의 비밀

　삶은 제멋대로이며, 좋은 사람에게도 나쁜 일이 일어난다는 사실을 받아들이면 모든 상황에서 긍정적인 면을 찾아 감사할 용기가 생긴다. 어렵고 두렵지만, 꾸준히 앞으로 나갈 힘을 얻는다. 이 책은 시간을 창조하는 사고로 새로운 길과 기회를 열어준다.

　사람들에게는 가진 시간으로 다 하기 힘든 많은 일이 있다. 이 책에서는 그런 노력도 다룬다. 또한, 사고방식을 변화시켜 주도적으로 일하는 방식을 찾고, 기존의 목표, 습관, 강점을 관리하며 겪는 스트레스를 넘을 수 있도록 돕는다. 그리고 세심하고, 전략적이며, 잘 정돈된 질문들은 당신이 어디에 있는지, 어디로 가고 싶은지 생각하도록 도울 것이다. 시간을 '장악'해 그곳에 가는 방법을 알려줄 것이다.

우선순위에 집중하라

당신의 인생은 끝없이 업무가 바뀌는 저주에 빠져 있는가?

이 문제를 해결할 때, 달력은 도움이 되지 않는다. 가장 최신의 시간 관리 기술을 배워봤자다. 원하는 결과를 이루지 못한 채 계속해서 하나의 목표를 다른 목표로 바꾸고, 습관을 바꾸며, 한 강점을 다른 강점과 바꾸고 있는가? 그렇다면 자신을 둘러싸고 돌아가는 커다란 환경이나 법칙에 신경 쓰지 못하고 있는 것일지도 모른다.

일과 삶에서 유연함은 할 일이 생겼을 때 가능성, 능력, 자율성을 얼마나 매끄럽게 만들어낼 수 있는지와 관련이 있다. 다음은 시간, 방법, 선택의 측면에서 삶의 유연함을 측정하는 질문이다.

- 그 일을 하는 데 필요한 나의 가능성은 어느 정도일까?
- 나는 자유로운가?
- 시간이 있는가? (지금 당장 내가 원하는 혹은 원했던 일을 할 능력이나 여유가 얼마나 되는가?)
- 그 일을 하는 데 필요한 나의 능력은 어느 정도일까?
- 내가 할 수 있는가?
- 방법이 있는가? (결정을 내리는 데 관여하는 나의 자율성, 선택권, 자유의지는 어느 정도인가?)

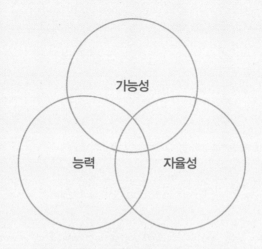

업무와 삶의 유연함을 만드는 3가지 요소

- 어떤 일을 실행할 때 나에게 결정권이 있는가?
- 다른 사람에게 부정적 영향을 주지 않고, 원하는 대로 할 수 있는가?

업무와 삶의 유연함을 가지는 것은 더 건강하게 일하고 행복한 삶을 살기 위한 시간 사용법을 적극적으로 선택하는 일이다. 나의 가치관을 희생하지 않고 생산성을 높이려면 어떤 방법이 있을까?

유연함은 사장이 줄 수 있는 선물이 아니다. 내가 사장이라도 반드시 스스로 만들어야 한다. 나의 모든 선택은 한 가지 이상의 일에서 더 많은 가능성, 능력, 그리고 자율성을 만든다. 그러기 위해서는 사람, 장소, 시기 모든 것이 조화를 이뤄야 한다. 무언가를 할 수 있고, 다른 일에 여유가 생기며, 또 다른 일을 할 수 있게 되는 것이다.

그러면 진정한 일과 삶의 유연함은 어떻게 얻어야 할까? 나의 자율성을 열어주고, 흥미로운 활동을 하게 만드는 유연함의 열쇠는 '우선순위에 집중하는 것'이다. 좋은 일은 시간관리가 아니라, 우선순위에 집중하는 것으로 생긴다.

시간관리법은 몽땅 버려라, 그냥 시간을 장악하라!

가능성, 능력, 자율성을 갖추면 후회하지 않고 의미 있게 시간을 사용해 시간을 장악할 수 있다. 시간 장악은 시간관리를 넘어선다. 시간 장악은 또 다른 일정표가 필요하지 않다는 것이다. 이상적인 한 주를 만들지 않아도 된다. 생산성을 높이기 위해 또 다른 요령을 시도해보지 않아도 된다.

꿈에서부터 바로 일을 시작하면, 꿈을 향해 일할 필요가 없다. 나 자신 혹은 타인을 위해서 일하더라도 시간을 장악할 수 있다. 때로는 삶의 모든 일이 내 꿈보다 우선처럼 느껴진다. 이런 상황이라면 '진짜 삶'을 위한 시간은 거의 남지 않게 된다. 오늘날에는 시간을 '관리'하는 방법이 아주 많지만, 꿈을 좇고 진짜 삶을 살아갈 시간은 여전히 부족하다.

시간관리가 틀렸다면 어떻게 해야 할까? 시간 장악의 기술을 사용하는 '반-시간관리법'이 필요하다.

> 시간 = 오늘은 나의 전부다
> (TIME = Today Is My Everything).

이 책에서 소개할 시간을 장악하는 틀을 삶에 바로 적용하면 여가 시간에 긍정적인 효과를 준다. 시간 장악으로 자유가 생기고 전략적인 환경을 만들면, 일이 잘못되더라도 고칠 수 있는 유연함이 생긴다. 같은 실수를 계속하는 것을 막고, 더 나은 미래를 위한 기회가 생긴다. 이 책에서 나온 시간 장악의 기술로 시간 중심, 가치 추구의 철학을 완전히 받아들이자. 삶과 일의 최우선순위를 달성하고 동시에 시간, 장소, 수입의 자유를 즐기자. 시간 장악은 바로 여기서, 지금부터 더 많은 시간을 만드는 방법을 제공한다. 삶을 되찾으려면 시간부터 되찾아야 한다.

시간을 장악하는 법

시간을 장악하는 사람이란, 단기보다 장기적으로 더 많은 시간을 만드는 프로젝트를 주도해 실행하는 사람이다. 시간을 장악하는 사람들은 최종 목적으로 시작해 3가지 도구로 일과 삶을 정돈하고, 가치관과 삶을 일치시킨다.

같은 직업을 가지고, 같은 연봉을 받더라도 시간을 장악하면 삶에 분명한 차이를 만든다. 한쪽은 시간의 자유가 없거나 적지만, 다른 쪽은 세상의 모든 시간을 가진 것처럼 보인다.

어떻게 하면 될까? 3가지를 따라 하면 된다.

우선순위 : 시간관리가 좋은 일을 만드는 것이 아니다. 우선순위를 정하고, 우선순위에 집중할 때 좋은 일이 생긴다.

실천 : 당신의 최종 목적을 중심으로 일과 삶을 정돈한다.

보상 : 꿈을 직업으로 바꾸지 말자. 나를 자유롭게 하는 것이 꿈의 직업이다. 가치에 시간을 써라.

시간을 더 많이 가지려면 가치관을 중심으로 일을 시작하고, 최종 목적, 초월적 목표로 결정을 내려야 한다. 그리고 자신이 되고 싶은 모습에 따라 우선순위를 정하고, 그 우선순위를 위해 시간을 자유롭게 만드는 실천 방법을 따라라. 돈 버는 방법을 바꿔 시간을 장악하는 삶을 유지하자.

시간 장악의 원칙은 업무 효과를 극도로 끌어올리는 방법을 알려준다. 그리고 작은 변화로 큰 결과를 만드는 기회를 찾아준다. 나는 이 작은 움직임을 '비대칭 변화'라고 부른다. 빛이 다른 면으로 나갈 때 여러 갈래로 뻗어 나가는 프리즘을 떠올려보라. 프리즘처럼 삶과 업무라는 빛을 한쪽에 모아, 반대편으로 거대하고 멋진 가능성을 창조하는 방법을 배워보자. 이것은 '프로젝트 겹치기, 업무 동기화, 전문가 고용' 3가지 도구를 실천하면 된다. 이 3가지 도구는 나만의 시스템을 만들어 시간을 창조하게 돕는다. 업무의 흐름을 정돈하고 구조화해, 오늘 내가 열망하는 삶을 더 많이 누리게 해준다.

'돈 버는 방법'을 바꾸는 것은 언제, 어디서, 어떻게 결과를 낼지 재협상하거나, 새로운 직업을 구하거나 혹은 업무 후의 시간을 재구성하는 것이다. 그리고 삶의 질을 결정하는 것이다. 내가 즐길 수 있는 시간의 양을 정한다.

일하는 이유는 무엇인가?

우리는 다른 무언가를 위해 일한다. 만약 그 무언가를 위해 업무를 계속해서 정돈하고 지지할 수 있다면? 만약 최종적으로 이루고 싶은 무언가를 처음부터 이룰 수 있다면?

나의 시간을 가치 있게 여기면, 삶이 나의 가치와 일치한다. 시간을 장악하는 사람은 자신의 가치를 우선하는 전략을 사용한다. 그들은 부는 상대적이고, 돈을 버는 곳과 버는 의도에 맞춰 일을 계획해야 한다는 사실도 알고 있다. 이런 시간 장악을 계속하면, 내가 들인 노력의 혜택을 일평생 거듭해서 결실을 수확할 수 있다.

'더 많은 시간을 얻는 것'이 목표라면 왜 시간을 쓰는 게 아니라, 시간을 만드는 프로젝트를 시작하지 않는가?

더 많은 시간을 만드는 것은 미래의 꿈이 아니다. 모두가 할 수 있다. 내가 직접 경험했고, 또 여러 사람을 통해 목격한 일이다. 당신도 할 수 있다. 문제를 해결할 때 다르게 생각하면 더 많은 시간을 만들 수 있다.

시간 장악의 기술이 자신의 우선순위에 집중력을 쏟는 방법과 우선순위를 실천하는 방법을 알려준다. 또, 이 책에서 소개할 시간 장악의 원칙은 모든 단계의 업무와 협업 또는 개인 프로젝트에도 적용할 수 있다.

무엇보다, 시간 장악은 꿈을 향해 끝없이 노력하는 게 아니라 꿈을 중심으로 삶을 구성하도록 돕는다. 이상적인 생활을 지원하는 방법에는 돈을 버는 일도 포함된다. 어디서나 돈을 벌 수 있다면, 어디에 가고 싶은가?

나는 시간이 자유로운 환경을 만들기 위해 일부러 다른 방식으로 회사를 운영했다. 내 회사, 프라우덕트PROUDUCT에서 하는 수많은 일은 내가 집에 있든, 해외에 있든, 가족과 여행 중이든 위치에 상관없이 스마트폰으로 처리할 수 있다. 나에게 이동의 자유를 주기 위해 선택한 '긍정 강화 제약'이다. 내가 시간을 장악하기 위해 사용한 이런 원칙들을 이 책에서 배울 수 있다.

돈과 의미는 모두 선택할 수 있다. 생산성을 높이는 방법은 많지만, 당신은 세상에서 유일한 한 명이다. 자신을 돌보고 자신의 우선순위에 집중해 원하는 삶을 이루는 것은 나에게 달렸다.

시간을 장악하는 틀은 내가 하는 활동을 정돈할 때 더 나은 결정을 내리도록 도와 자율성을 창조하고, 시작하는 단계부터 좋은 환경을 조성하기 위해 만들어졌다. 이제 당신도 시간을 장악하는 사람이 되어보자.

시간을 창조하고, 산만하게 흩어지는 시간을 극복해, 삶의 목표에 혁신적인 해답을 찾는 데 영감을 얻어라.

그리고 세상 모든 시간을 가진 듯 보이는, 그 삶을 누리자.

반-시간관리법

시간을 장악하기 위해
왜 반–시간관리가 필요한가?

시간을 관리하는데 왜 시간이 더 없어질까? 시간관리는 내가 나의 시간을 통제한다는 뜻이 아니라, 다른 사람이 나의 시간을 통제한다는 뜻이다. 시간관리로는 나의 시간을 통제할 수 없다.

왜 사람들이 전문 시간관리 도구를 사용해 개인 시간까지 관리하는데 업무는 늘고, 여유 시간은 더 줄어들까? 전통적인 시간관리에서 여유 시간이 더 생긴다는 것은 끝내야 할 일이 더 많이 생긴다는 뜻이다. 이것이 끝내야 할 일의 역설이다. 더 많이 끝낼수록, 끝내야 할 일이 더 많아진다. 하지만, 시간을 장악하는 '반–시간관리'의 관점은 다르다.

생산성(효율성)과 생산(가치를 바꾼 것)이 반드시 같을 필요는 없다.

해야 할 일의 목록이 끝내야 할 일의 목록과 같을 필요는 없다. 우리가 끝내면 끝나는 일이다. 전통적인 시간관리는 과거에 설정된 목적에 맞춰 작동한다.

달력만 빼곡히 채우지 말고
선택의 자유, 시간의 자유를 누려라

시간을 장악하는 '반-시간관리'는 나의 시간을 되돌려주고, 생활 방식에 더 좋은 선택권과 책임감을 준다. 나의 시간을 하나 이상의 시스템 혹은 사람에게 통제하도록 맡기는 건 자신이 선택해야 한다. 내 선택의 결과에 따라 여유 시간을 곱할 수도, 나눌 수도 있다.

하나의 결과를 하나의 선택으로 바라보면 선택을 바꿔 환경을 변화시키고 싶은 의지가 더 커진다. 업무에 쓰는 시간의 양은 결과가 아니라 선택이다. 업무의 희생자가 되지 말자. 열심히 일하면 중독되기 마련이지만, 내가 얻고자 했던 것을 잊어서는 안 된다. 나의 멘토, 스티븐 R. 코비는 이렇게 말했다.

"우리는 뽑기를 할 때 막대의 끝을 집습니다. 당연하게도, 우리의 삶에서 집어 든 막대가 잘못된 막대라는 것은 시간이 지난 후에야 알게 됩니다."

선택할 때는 그 결과까지 선택한 것이라는 뜻이다. 내 선택으로 만들어지는 시간의 결과를 선택하기 전에 고려하라. 반-시간관리에서는 현재와 미래의 시간을 자유롭게 하는 결정을 사전에 준비한다.

시간관리	반-시간관리
타인이 나의 시간을 통제	내가 나의 시간을 통제
타인이 시간을 장악	내가 시간을 창조
타인이 나의 공간을 장악	내가 공간을 창조
타인이 나의 선택을 장악	내가 선택

시간관리는 공간을 차지하지만, 반-시간관리는 공간을 창조한다. 머릿속에 달력을 그려보자. 전통적인 시간관리는 달력 위에 하루 중 모든 시간을 세심하게 계획하기 때문에 정신없이 바빠 보인다. 즉흥적이고, 창조적인 일을 할 여유가 계획에 없다면, 사고도 일어나선 안 된다. 반면, 반-시간관리는 이미 모든 일을 다루기 때문에 달력이 텅 비어 보인다. 역설적으로, 시간관리로 하루가 끝날 때쯤 익숙한 소리가 들린다. "바빠 죽겠는데, 아무것도 마무리가 안 된 느낌이야!"

반-시간관리법을 터득하면 이상할 만큼 생산적으로 느껴지고 하루가 경쾌해진다. 심지어 여유를 느끼는 순간도 생긴다.

시간관리를 멈추자,
시간의 척도는 스스로 만들어야 한다

반-시간관리법은 쉽게 배우고, 내 삶에 바로 적용할 수 있다. 작은 변화로 모든 것을 바꾼다. 휴가를 떠나고 싶으면 가자, 예술을 하고 싶으면 하자. 위험을 줄이고 기다리지 않으며 삶을 시작하는 방법을 보여주는 것이 시간 장악이다. 시간을 장악하는 사람은 자신의 목표를 중심으로 믿을 만한 과정을 만들고, 일상을 자신의 꿈과 통합하는 방법을 안다. 이 사실을 기억하고 시간 장악의 기술을 익혀라.

당신의 아이디어, 프로젝트, 업무 그리고 시간으로 영향력을 깊고, 넓게 확장해 타인을 위한 기회의 돌파구를 창조할 수도 있다. 자, 이제 준비가 되었으면, 다음 질문을 던져보라.

"어디에 우선순위를 두고 집중해야 할까?"

생각과 일하는 방식을 바꾸든, 바꾸지 않든 주변의 세상은 변하고 있다. 이 새로운 세상은 내가 항상 바랐던 기회와 상상도 못 했던 더 좋은 기회를 준다. 나만의 세상을 창조하자. 그러려면 나의 시간을 꿈과 가깝게 만들어야 한다.

나의 자율성이 자동으로 생기는 것은 아니다. 세상의 모든 시간은 내가 낭비하지 않고 의미 있게 사용하는 만큼만 의미가 있다.

시간관리를 멈추자. 의미를 만들자. 이보다 타이밍이 좋을 수 없다.

시간의 척도는 당신에게 맞춰져야 한다.

변화할 준비를 마쳤다면
다음 6가지 질문을 자신에게 해보자

1. 시간을 더 잘 사용하기 위해 관리하거나 혹은 균형을 맞추려고 했으나, 오래가지 못했다.
   □ 예   □ 아니오

2. 나보다 시간을 더 자유롭게 사용하는 사람을 질투한 적이 있다.
   □ 예   □ 아니오

3. 시간관리 능력이 부족해서 가정에서 불화를 만든 적이 있다.
   □ 예   □ 아니오

4. 원하면 언제든지 업무를 멈출 수 있다고 말하지만, 언제나 예상보다 오래 일한다.
   □ 예   □ 아니오

5. 능률, 효율을 높이거나 혹은 성공을 바라면서 습관이나 프로그램을 바꾼 적이 있다.
   □ 예   □ 아니오

6. 하루 종일 일하는데 아무것도 끝내지 못한 기분이 든 적이 있다.
   □ 예   □ 아니오

질문 중 하나라도 "예"라고 대답했다면 책에서 소개하는 시간 장악의 기술을 따라 해보고, 시간을 되찾자. 이제, 당신은 혼자가 아니다.

목차

목적

인생이 바뀌는 시간관리의 비밀 1

가장 먼저 최종 목적과
4가지 우선순위를 찾아라

그다음, 3가지 실천 도구로
일과 삶 정돈하기

꿈을 직업으로
바꾸지 말라

다양한 도전

완벽하지 않아도 좋다,
다양하게 도전하라!

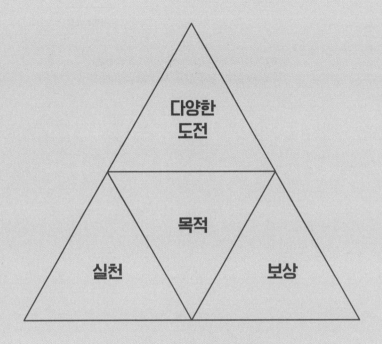

인생이 바뀌는 시간관리의 비밀 4단계

1. **목적** : 개인Personal, 경력Professional, 사람People, 여가Play 4가지 우선순위로 당신이 이루고 싶은 최종 목적을 찾아라.

2. **실천** : 최종 목적을 중심으로 내 일상과 일을 정돈하는 3가지 실천 도구

3. **보상** : 가치에 내 시간을 쓰는 식으로 돈 버는 방법을 바꿔라.

4. **다양한 도전** : 다양한 도전으로 큰 결과를 얻어라. 인생이 바뀔 것이다!

가장 먼저 최종 목적과
4가지 우선순위를 찾아라

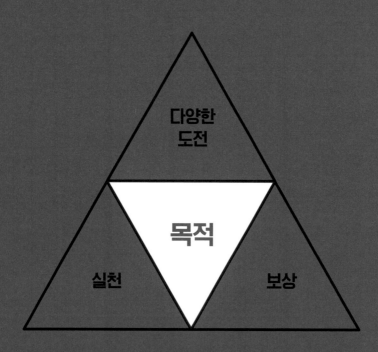

시간관리를 멈추고
어디에 집중할지 우선순위를 정하자.

최종 목적을

첫 번째 근거로 놓자.

시간을 장악하기 위해
가장 먼저 해야 할 일
: 언제, 무엇을 할지 선택하기

세상을 변화시키고 계속 혁신하려면 우리가 먼저 변해야 함을
이해하는 겸손함이 중요하다.

휘트니 존슨 Whitney Johnson, **《자기 방해》의 저자**

꿈을 위해 '오늘'을 산 시라

래퍼인 시라Sirah는 어린 시절 대부분을 거리 생활, 노숙, 범죄 집단, 중독, 학대로 보냈다. 시라는 치료 주술사(인디언)와 자랐다. 이상한 일들이 많았다. 시라는 성장하면서 납치, 강간, 방치되는 일들을 기억할 수 없을 만큼 많이 겪었다. 시간과 환경은 절대로 시라의 편이 아니었다.

4학년 때 학교를 그만뒀고, 아버지의 헤로인을 살 돈을 마련하려고 닌텐도를 판 적도 있다. 시라의 아버지는 그녀가 어렸을 때 약물 남용으로 사망했다.

"언젠가 제 학교 생활기록부를 다시 봤어요." 시라가 내게 말했다. 시라의 초등학교 담임선생님은 이렇게 기록했다.

'다른 아이들과 어울리는 방법을 모른다.'

'집에서 돌봐주지 않는 모습이다.'

'그래서 따돌림을 당한다.'

시라의 삶은 통제 불가능한 궤적으로 날아가고 있었다. 그러던 어느 날, 그녀의 어떤 행동이 운명을 바꿨다.

"17살 때, 머릿속에 어떤 목소리가 들렸어요. 그 목소리는 이렇게 말했어요. '넌 이렇게 살면 안 돼. 네 삶은 이런 게 아니야. 이건 선택이야. 넌 래퍼가 돼야 해.'"

시라는 가족들을 불러서 "저기, 나 조현병에 걸린 게 분명해, 그래도 이 목소리가 시키는 대로 해볼래"라고 말했다. 그때부터 맑은 정신으로 살기 시작했다. 모든 것을 털어내고 그 목소리에 따랐다.

시라는 LA 사우스센트럴에 있는 '프로젝트 블로우드'(자유롭게 공연할 수 있는 힙합 플랫폼)에 매주 목요일마다 갔다. 그러다 랩을 했다. 시라의 랩은 엉망진창이었다. 시라는 어떻게 해야 래퍼가 되는지 전혀 몰랐지만, 래퍼가 될 수 있는 장소로 갔다. 그리고 무대 밖에서 목요일마다 야유를 들었다.

"진짜 끔찍한 수준이었는데, 계속 떠들었어요. 그러다 저보다 나이 많은 래퍼들로 구성된 '프리스타일 펠로우십Freestyle Fellowship'이 제 인생을 통째로 바꿨어요."

그들이 시라에게 "정신 나갔어? 넌 여자애야, 백인이고. 왜 이걸 계속하는 거야? 넌 못 해"라고 말하면, 시라는 항상 이렇게 대답했다.

"해야만 하니까."

그렇게 온몸을 던졌더니 프리스타일 펠로우십은 시라에게 랩 하는 법 그리고 성장할 때 놓친 삶의 기술들을 가르쳤다.

이런 일도 일어났다. 어느 날 파티에 갔다가 공연을 기획하는 사람을 만났는데, 그가 시라가 무대에 오르는 걸 돕겠다고 했다. 시라의 첫 공연이 이뤄졌다. 그 공연이 다음 공연으로 이어지고 그다음 공연으로 이어지고, 투어가 됐다. 메시지도 받았다. 음악 프로듀서 소니 존 무어Sonny John Moore(스크릴렉스Skrillex)가 시라와 함께 일하고 싶어 했고, 그는 홈리스인 시라를 받아줬다. 그들이 망가진 노트북으로 녹음한 곡들은 스크릴렉스의 '위켄즈Weekends'가 됐고, '뱅가랭Bangarang'이 됐고, '교토Kyoto'가 됐다. 시라와 소니는 '뱅가랭'으로 그래미상을 받았다.

이것이 홈리스로 시작한 시라가 그래미상을 받게 된 과정이다.

유년 시절 시라는 나이에 맞는 몸가짐을 배우거나, 목표를 정하거나, 무대 퍼포먼스를 배울 기회가 없었다. 길거리에 살 때, 아무도 그녀에게 음악을 가르쳐주지 않았다. 시라는 에이전트를 고용하거나 음식, 집을 구할 돈도 부족했고, 공연 홍보도 혼자 했다. 모든 것이 부족했다. 10년짜리 계획은 없었다. 그때까지 살아 있을지도 몰랐다. 지금이 아니면 절대 할 수 없었다.

· · · · · · ·

시라의 경험은 삶과 시간, 노력과 성공, 자아와 용기에 관한 많은 가르침을 준다. 시라에게는 선택권이 없었다. 성장기에 일어난 일들은 시라에게 '그냥 일어난 일'이다. 일어난 일을 어떻게 받아들일지는 선택할 수 있다. 시라는 오랜 시간 피해자로 살았지만, 과거의 의미를 자신이 선택할 수 있다는 것을 깨달았고, 그러자 큰 힘이 생겼다.

"우리에게 선택권이 없는 상황이 닥칠 때도 있어요. 하지만 어떻게 반응할지는 선택할 수 있죠. 내 반응이 주변에 에너지를 만들고 내가 진짜 있어야 할 곳으로 향하는 길이 된다는 것을 깨달았어요."

자신의 반응, 에너지는 내가 통제할 수 있다. 시간도 마찬가지다.

시간의 척도를 바꾸다

마침내 바라던 일을 하거나 원하던 사람이 되고, 다른 사람이 같은 것을 이루도록 돕는 일은 압도적인 기쁨을 준다. 외부 세상에 대한 나의 반응은 에너지가 되어 나의 시간을 만들거나 장악하고, 내가 있을 곳과 나 자신, 되고 싶은 인물을 만든다. 삶의 방향을 바꾸거나 나아지게 하려면 '정체성과 시간' 그리고 '에너지와 행동', 이 두 가지 위주로 생활해야 효과적이다.

1. 어떤 사람이 되고 싶은지 결정한다.
2. 즉시 그 정체성으로 행동한다.

정체성과 시간 : 지금, 시라는 래퍼가 되기로 결정했다.
에너지와 행동 : 시라는 첫날부터 즉시 새로운 정체성(래퍼)으로
　　　　　　　　행동했다.

목표를 달성한 전후의 변화를 생각하면, 이상적인 삶을 사는 나와 그 차선의 삶을 사는 나는 다음 두 문장 차이다.

1. 나는 예술가가 되고 싶다.
2. 나는 예술가다.

첫 번째 문장은 목표를 미래에 배치했다. 두 번째 문장은 목표를 모든 행동의 정확히 가운데에 배치해, 목표를 없애고 삶의 선택을 현실의 확장으로 만들었다. 내가 바라는 모습을 보여주는 것은 '이미 된' 나와는 완전히 다르다. 생활 방식, 감정, 경험의 측면에서 전혀 다른 삶이다. '바라는'과 '이미 된'은 선택이다. 목적지가 아니다.

처음 시작할 때, 시라는 성공적인 래퍼가 아니었다. 하지만 무대에 오를 용기가 있었다. 일반적인 과정이었다면 래퍼가 되는 것은 마지막 단계였지만, 준비가 되지 않은 상태에서 '이미 래퍼가 된 것처럼' 굴었던 행동이 그녀의 마음가짐을 바꾸고, 행동을 바꾸고, 환경을 바꾸고, 시간을 사용하는 방식을 바꿨다. 그리고 이렇게 새로 창조한 세계의 중심에 자신을 두자, 결국 멘토들과 다른 자원들이 함께 도우러 와서 기회를 최대로 만들었다.

생각을 '이미 된'으로 바꾸자, 기존의 성공으로 가는 길, 올라가려면 몇 년은 걸렸을 과정이 한순간에 사라졌다.

시라에게 보통의 목표를 설정하는 방식은 걸림돌일 뿐이었다. 대신 스스로 만든 자아가 혼란을 넘어 실천으로 이끌었다. 목표를 정했지만, '아직' 달성하지 못한 사람이라면 누구나 시라처럼 할 수 있다. 시라는 아리스토텔레스가 말한 '무언가 이루기 위한 최종 목적'으로 시간과 삶을 장악했다.

· · · · · · ·

세상은 준비가 안 된 사람들이 변화시킨다. 몇몇 위대한 사람들의 성공한 과정을 보면 자신이 바라는 모습이 되기 위해 사다리에 오르지 않는다. 성공한 사람들은 우리가 배운 성공의 단계 대부분을 거치지 않고 성공했다.

아리스토텔레스는 자연과 사물이 왜 존재하는가에 관한 질문에 답하기 위해 '4대 원인론'이라는 이론을 만들었다. 아리스토텔레스의 4대 원인은 재료, 형상, 작동, 목적이다. 학자들이 4대 원인론을 설명하기 위해 오랫동안 사용한 예는 '식탁'이다.

1. 식탁은 **나무**로 만들어졌다. (재료 원인)
2. **4개의 다리** 위에 **평평한 판**이 올라간다. (형상 원인)
3. **목수**가 만들었다. (작동 원인)
4. **사람들이 모여서** 저녁을 먹기 위해 만들었다. (목적 원인)

시간을 장악하는 사람들은 정해진 시간의 효과를 최대로 누리기 위해 목적 원인, 즉 최종 목적에서 시작한다.

식탁은 중요하지 않다 — 저녁이 중요하다.
저녁은 중요하지 않다 — 추억이 중요하다.
추억은 중요하지 않다 — 사람이 중요하다.

이런 식이다. 은유적으로 표현하자면, 보통 사람들의 경우에는 사면 되는 식탁을 평생 만들고 있다. 만약 특별한 저녁 식사라면 식사를 누구와 하는지, 왜, 어떤 추억을 원하는지, 그리고 우리의 관계를 어떻게 돈독하게 만들지가 중요하다. 목적 너머의 목적, 최종 목적을 달성하는 데 저녁 식사가 필요할까?

더 나은 현재를 살아 식탁과 저녁 식사에 들일 시간과 돈을 더 좋은 미래를 만드는 데 다르게 사용할 수 있을까?

다음에 배가 고프다면 식탁은 잊자. 배를 채울 방법은 많고 먹을 곳은 셀 수 없이 많다. 식탁이 목표가 아니라면, 저녁의 진짜 이유는 무엇인가? 바로 그것을 하면 된다.

시간을 장악하기 위해서는 최종 목적으로 자신의 삶을 이끌어갈지, 아니면 내가 원하지도 않는 타인의 삶을 따라갈지 둘 중에서 결정해야 한다.

나는 '왜' 일하는가?

최종 목적은 처음 정한 목표 너머에 있다. 일을 위한 일은 하지 말자. 당신이 일하는 이유는 다른 데 있다. 물론 돈을 위해 일하지만, 돈으로 무엇을 살 것인가? 어디에 돈을 쓸 생각인가? 이유는?

나의 업무, 노력, 저축, 투자는 나와 내가 사랑하는 사람들에게 바탕을 두고 있는가? 미래의 나를 그려봤을 때 어떤 상태인가, 그 미래에서 무엇을 경험하고 있는가? 목표의 목표는 무엇인가? 당신의 꿈은 목표에 부합하는가? 최종 목적은 근거이며, 내가 하는 일에 대한 이유와 관심이고, 결과에 대한 바람이며, 내가 상상하는 최고의 미래다.

최종 목적은 목적의 목적 이상이며, 목표를 넘는 효과적인 삶이다.

최종 목적은 성공 뒤에 따라오는 성공이다.

최종 목적은 자신의 가치에 시간을 사용할 때 나타난다.

최종 목적은 어긋난 약속을 다시 검토한다.

최종 목적은 목표다.

최종 목적을 중심으로 한 사고방식은 꿈의 큰 그림을 위한 퍼즐을 맞추기도 전에 내가 하는 모든 일의 목적을 통합해준다. 퍼즐이 막힘없이 맞춰지듯이, 꿈도 하나로 합쳐진다. 최종 목적은 내 꿈의 큰 그림을 찾도록 돕고, 시간 장악의 기술은 연결 조각들을 맞출 수 있게 해 준다. 최종 목적은 형언할 수 없는 즐거운 삶으로 나를 이끈다. 목표의 성취와 함께 새롭게 조화를 이루는 무언가를 시작하는 느낌이다.

> 66
> 당신은 연필을 깎는 중인가,
> 아니면 예술을 창조하는 중인가? 99

시간을 장악한 사람들에게 최종 목적은 끝이 아니다. 끝이자 시작 이다. 끝은 시작을 의미하니, 처음부터 끝의 가치를 담아서 시작하면 된다. 시간관리를 수단으로 설정하면 꿈은 목적에 닿지 못한다. 목적 과 함께 생활해야 꿈에 닿을 수 있다.

예를 들어 사업가들은 자율성을 느끼지만, 비논리적인 시간 체계를 따르기 시작하면 자유를 잃고 바빠진다. 누구도 사업을 위한 사업은 하지 않는다. 사람들은 삶의 성공과 실패를 위해 사업을 한다. 일이란 원하는 결과를 창조하기 위해 하는 행동이다.

그런데 나의 일이 꿈을 이룰 수 없다면, 내가 일을 하는 의미는 무 엇일까? 나의 목적이 가족과 많은 시간을 보내는 것인데, 그 꿈을 이 루려면 앞으로 5년이 걸린다. 그때쯤이면 13살인 자녀는 18살이 돼 집을 떠난다. 그런데 지금 생활 방식을 자유롭게 바꾸지 않고 뭘 하는 걸까?

꿈과 그 꿈을 위한 여유 시간을 처음부터 사업 모델에 녹여야 한다.

새로운 삶의 아이디어가 주는 즐거움은 무언가를 유지하기 위해 하는 일과 아주 다르다.

우리는 목적을 우선시하고 가치를 지금 통합할 때 위대해질 수 있다.

최고의 미래는 그 과정에서 나의 자아를 타협하지 않을 때 온다.

알맞은 시기란 없다. 자신에게 친절해지자.

사업가들이 '시간이 없는' 이유는 그들이 탈출하고 싶어 했던 기존의 사업 모델로 사업을 구축했기 때문이다. 만약 처음부터 꿈과 그 꿈을 위한 여유 시간을 사업 모델에 녹여 통합한다면, 세상의 모든 시간을 가질 수도 있다.

현재의 시간관리는 결코 가질 수 없는 일(당근)을 시간표의 끝(막대기)에 위험하게 매달고 나를 유혹한다. 당근이 나를 계속 달리게 만들지만, 시간과 에너지를 무자비하게 강탈한다. 막대의 끝에 매달려 있는 꿈은 어쩔 수 없이 눈앞에서 썩게 된다. 눈에 항상 보이지만, 절대로 닿을 수 없다.

시간을 장악하는 사람들은 당근을 가지고 시작한다. 당근이 너무 좋아서 평생을 희생해 좇아갈 생각이라면 시작부터 모든 일에 함께 녹여내면 어떨까? 당근 케이크라고 들어봤는가? (나탈리의 말에 따르면, 케이크에는 글루텐과 설탕은 물론 모든 것을 뺄 수 있다.)

시간관리	시간 장악
막대와 당근	당근(케이크)

아주 많은 사람이 나중을 위해 현재의 시간을 희생한다(시간은 그렇게 작동하지 않는다). 하지만 수년간 굳어진 체계를 무너뜨리지 않으면 벗어날 수 없다는 사실만 깨닫게 될 뿐이다.

더 많은 자율성을 원하면서 왜 자율성을 체계화하지 않을까?

시간의 자유를 과정에 녹이자. 케이크 조리법에 재료로 설탕이 나와 있다면, 케이크를 굽기 전에 설탕을 그릇에 넣고 저어야 한다. 그렇지 않으면 설탕 없는 케이크가 완성된다.

시간을 장악하는 사람들은 시작부터 같은 방식으로 자율성을 만든다. 업무를 하기 전에 자신의 가치관을 삶에 넣고 섞는다. 그렇지 않으면 나의 가치관이 포함되지 않은 결과물을 만들게 된다.

시간을 원하면 시작할 때 넣자.

40년 뒤, 은퇴한 후가 아닌 지금 나의 목표에 맞는 삶을 원한다면, 그 가치를 지금 섞고 삶이 맛있게 구워지는 과정을 보자. 40년 후, 당신은 다채로운 삶, 박식한 삶을 살았을 것이다.

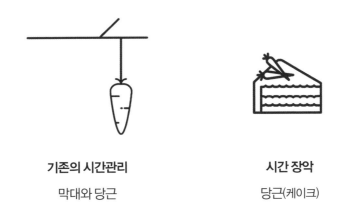

기존의 시간관리

막대와 당근

시간 장악

당근(케이크)

오늘, 나의 가치관을 일상에 섞어야 한다. 목적에 부합하는 과정은 처음부터 만들 수 있다. 나의 우선순위를 막대에 당근처럼 매달고 타협해서는 안 된다.

자신의 삶을 되찾고 싶다면 나의 시간부터 되찾자.

사람들은 기업의 가치는 외우고 반복하면서 자신의 가치는 잊어버린다. 설탕을 넣지 않았는데 오븐에서 설탕이 들어간 케이크가 나오길 바라는 건 비논리적이다. 마찬가지로 우선순위를 희생하며 살아왔는데 어느 날 우선순위가 이뤄진 삶이 되기를 바라는 것도 비논리적이다.

지금 가치관에 따라 살기로 선택하면 더 큰 확장성이 생기고 계속해서 가치관에 따라 살 수 있게 된다. 최종 목적을 지금 나의 삶에 적용할 수 있을 뿐만 아니라 내가 되고 싶은 모습, 당장은 아니라도 하고 싶은 모든 것이 머지않아 이루어진다.

꿈을 미루지 말자. 꿈을 위해 오늘의 시간을 잘 사용하면 배당금으로 돌아온다. 시간을 장악하는 사람들은 언제나 시간에 투자한다.

최종 목적을 찾는 방법

준비가 되었다면, 다음으로 할 일이다.

목표

많은 문제를 없애는 목표를 선택하자. 모든 목표에는 다양한 문제가 따라온다. 왜 그런 목표를 정했는지 처음부터 자신에게 물어봐야 한다. 그 목표의 과제는 무엇인가? 어떻게 하면 목표의 과제를 미루지 않고 즐기며 완수할 수 있을까? 여러 각도에서 다양하게 대답할 여지를 주는 흥미로운 질문을 해야 한다.

초월적 목표

나의 관점을 목표 너머에 있는 의미와 목적으로 옮긴다. 이 사고 과정은 다양하고 새로운 목표의 가능성을 열어 더 큰 그림에 닿게 한다.

목표는 더 큰 꿈의 그림에 이르게 하는 도구다. 그래서 원하는 결과를 얻기 위해 도구와 시간표에 매달리지 않는다.

예를 들어 현재 목표를 등산, 초월적 목표는 정상에서 내려다보는 즐거운 기분이라고 가정해보자. 초월적 목표를 염두에 두면 산에 오르는 방법은 상관없어진다. 하이킹, 등반, 자동차, 헬리콥터 중 가장 재미있는 방법을 선택하면 된다. (참고로, 당신이 스위스 마테호른에 있고 여유를 원한다면 고르너그라트 열차를 추천한다.) 물론, 등산 그 자체가 목표라면 옆 사람이 노새를 타고 더 빨리 오른다고 불평하면 안 된다.

최종 목적

지금 자신의 초월적 목표를 길고 긴 예정표의 절벽에서 구해 집으로 가져와, 삶의 한가운데에 놓는다. 미래로 향하지 말고 미래에서 시작하자. 자신의 꿈을 일정표의 맨 앞으로 옮김으로써 벼랑에서 구출한다. 꿈은 움직이지 않는다. 기다려도 소용없다.

나의 시간과 자유를 늘리기 위해 멍청한 일을 더 생산적으로 하려고 노력하는 것보다 매일 하는 멍청한 일을 없애는 게 더 쉬운 방법이다. 목표에서 시작하는 게 아닌 목표로 향하는 일의 과정을 마음속에 그려보자. '될 거야'와 '이미 된'을 비교해 대입하면 즉시 결정하는 과정이 달라진다.

예를 들어, "언젠가 은퇴하고 작가가 될 거야"라고 말하는 것과 목표에서 시작해 "오늘 당장 글을 쓰고 그것을 뒷받침할 경력을 쌓을 거야"라고 말하는 삶은 매우 다르다.

가치관에 맞게 현재를 살면 가치관을 기준으로 판단을 내릴 수 있는 충분한 상황이 된다(그리고 다른 사람도 돕는다). 가치로 향하는 것과는 다르다.

최종 목적에서 시작하는 삶은 꿈의 저편에서 기다리고, 밀고, 좇는 삶과는 정반대처럼 보인다.

> 돈을 좇지 말고, 돈을 만들어라.
>
> 꿈을 좇지 말고, 꿈을 만들어라.

초월적 목표가 시간의 중심에 오면 내가 원하는 곳으로 이끌어줄 수 있을지 모르는 길과는 반대로 삶의 모든 영역이 자연스럽게 확장된다. 마음속으로 목표한 사람이 되기 전에, 되자. 씨앗 속에는 이미 나무가 있다. 최종 목적은 씨앗이다.

이 예시를 자신의 목표에 적용해보자

책을 쓰는 목적이 강연하는 것이라면, 책이 나오기를 기다리지 않아도 당장 강연을 할 수 있다. 사실, 강연은 책에 대한 신뢰도를 높인다. 목표는 교체할 수도 있고, 재배치할 수도 있다. 고차원적 사고를 사용해 목표를 바꾸는 것은 불필요한 시간과 노력을 없애준다.

그런데, 강연하려는 목적은 무엇인가? 상품을 판매하려는 것인가? 영향력을 키우고 싶은가? 아니면 '연사가 되는 것'이 목적인가? 목표는 분산하는 대신 압축할 수도 있다.

강연을 기록해서 짧은 책으로 옮기고, 그다음 시장의 평판을 얻고, 나의 콘텐츠에 관한 청중들의 질문을 바탕으로 상품을 판매하는 것은 어떨까? 할 수 있다.

나의 목표와 목표가 이루어진 상태에서 할 일을 계속 생각해야 한다. 많은 과정(목표)을 없애고, 많은 실수를 피할 수 있다.

최종 목적으로
시간의 감옥에서 벗어나자

최종 목적에서 삶을 시작하면 시간의 감옥을 옮겨 다니지 않아도 된다. 해야 할 일의 목록이 감옥의 손잡이가 되면 자율성은 사라진다.

지난 20년 동안 세상의 백만장자부터 억만장자에 이르는 기업의 임원, 구독자가 수백만 명인 크리에이터, 유명 작가, 훌륭한 부모, 조부모, 증조부모, 사업가, 모험가, 벤처 투자자, 투자 은행가, 의사, 치료사, 세계적인 리더, 교육자 등을 아주 많이 인터뷰했다. 업무와 삶의 균형에 관한 질문을 던지고 그들의 경험을 기록했다.

그래서 무엇을 알아냈을까?

성공한 사람들 대부분은 다른 일반적인 사람보다 '업무와 삶의 균형'에 관해 더 모르고 있었다. 이들은 자신의 부나 명예에 균형을 맞춰줄 대답을 찾지 못했다.

목표, 습관, 강점, 성격 검사, 시간관리 등은 목적을 위한 수단이다. 시간을 장악하는 것은 수단을 넘어 의미가 생기는 곳에서 시작된다.

성공한 사람들은 종종 개인적인 시간과 인간관계를 장악할 능력을 얻지 못한 것을 후회하지만 삶과 업무의 유연함, 민첩함, 의미 있게 일하고 생활하는 능력은 후회하지 않는다. 자신이 만족하고, 삶에 활력을 주고, 인간관계를 단단하게 하는 가치를 좇을 기회를 잡아라.

목표, 습관, 강점은 목적을 위한 수단에 불과하다. 수단이 목적이 되게 해서는 안 된다. 최종 목적에서 행동해, 예상을 넘어 성장할 기회를 주고 숨 쉴 여유를 주자. 우리는 해야 할 일의 목록과 시간관리라는 햄스터 쳇바퀴에 너무 오래 갇혀 있었다. 그래서 다채로운 생활, 풍요로운 미래, 충실한 삶이 어떤 의미인지 생각하는 것조차 불가능해졌을지도 모른다. 최종 목적의 유연한 힘으로 시작하자.

종종 사람들이 "뭘 해야 하죠?"라고 물어보면 나는 "내가 어떤 사람이 되고 싶은지 깨닫게 되면 하고 싶은 일을 알게 됩니다"라고 대답한다.

기존 방식의 목표는 세우지 말자. 대신 수단보다 의미를 우선시하자. 도구를 갖추기 전에 목표의 본질과 영향력으로 환경을 만들자. 의미가 도구를 알려준다. 가장 먼저 준비해야 할 것은 마음가짐이다.

자신의 마음속에 있는 삶은 분명 나의 상상과는 다르게 실현된다. 무슨 상관인가? 인생은 알 수 없다. 먼저 마음속에서 창조하고 그다음 세상을 창조하면 된다.

'생산성'의 4P로
나의 최종 목적 찾기

'생산성의 4P'로 삶의 최종 목적을 찾고 당장 시간을 장악하자.

1. 개인Personal

2. 경력Professional

3. 사람People

4. 여가Play

나는 이 4가지로 고객들이 집중해야 할 우선순위를 찾아 행동을 개선하고, 그들이 선택하거나 혹은 더 나은 결과를 이룰 수 있도록 도왔다. 이 활동은 자신의 최종 목적을 삶의 가장자리가 아닌 가운데에 두게 한다. 이 실천 요소들은 내가 중요한 경력을 바꾸거나 이사, 재정적인 결정, 나탈리와 함께 혹은 따로, 아이들과 함께 혹은 따로 보내는 시간을 결정하는 데 도움이 됐다. 나는 이 생산성의 4P를 주마다, 달마다, 언제든 내 삶을 다잡고 싶을 때 사용한다.

　이 활동은 시간을 장악하기 위한 방법들을 정돈해준다. 무언가 성취하려 할 때, 나를 세상에 어떻게 드러내야 이상적일지 전체를 보여주고, 이로써 어디에 시간을 투자해야 할지 알려준다.

나에게 물어야 할
'최종 목적' 질문 3가지

- 지금 하고 싶은 중요한 일은 무엇인가? (계속 생각나는 것으로!)
- 미뤄놓은 일 중에 후회 없이 살았다고 느끼게 해줄 만한 일은 무엇인가?
- 앞으로 2~3년 동안 생산성을 늘리고 성장하기 위해 받아들이려고 한 기질은 무엇인가?

　생산성의 4P 각각에 이 3가지 질문을 적용해보자.

　이 질문을 통해 생각을 자극할 수는 있지만, 질문 때문에 행동이 제한되면 안 된다. 창의적으로 생각하자. 시간을 들이자. 사적이거나 공적으로 중요한 사람들이 그들의 4P를 찾게 하자. 나의 목표 주위에 있는 중요한 사람들이 나와 다른 우선순위를 가져도 괜찮다. 모든 사람은 다르고, 타인의 염원을 이해하고 서로 지지하는 게 목적이다.

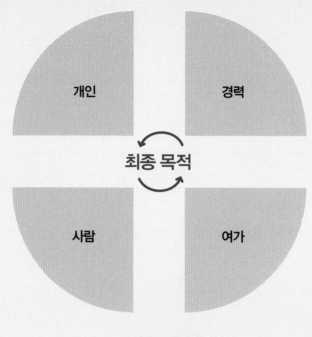

우선순위 정하기

1. 개인

나만을 위한, 나와 관련된 우선순위다. 자신의 건강부터 종교, 오랫동안 생각해온 개인적인 성장 목표를 포함해 나 개인과 관련된, 나만을 위한 모든 것이 포함된다. 학구열이 될 수도 있다. 개인 차원에서 나를 발전시키는 모든 일이 허용된다. 마음에서 떨쳐낼 수 없는 일이 무엇인가?

2. 경력

직업에 관한 모든 성취다. 인정받고 싶은 분야나 승진, 금전적인 목표도 포함된다. 현재 하는 일로 돈을 얼마나 벌고 싶은가? 혹은 당신이 예비 사업가라면 현재 생활을 유지하려면 한 달에 돈을 얼마나 벌어야 하는가? 앞으로 2~3년 후 나의 재정적인 염원은 어느 정도인가? 내 시간을 가치 있게 만들고, 활기와 책임감을 느끼게 하며, 나의 기여를 뿌듯하게 느끼는 일을 하려면 직업에서 어떤 것이 필요할까? 타인을 위해 만들고 싶은 가치는 무엇인가?

3. 사람

내 인생에서 중요한 사람들과 연관이 있다. 당장 이것을 실행하려면 가족들의 이름을 써야 한다. 동업자, 동료의 이름 혹은 내가 보답해야 할 사람의 이름도 써보자. 생각나는 사람이나 관계가 있는 사람의 이름을 쓰고, 각각의 이름 옆에 그 관계를 단단히 하기 위해 무엇을 하고 싶은지 적는다. 나의 관심사 대신 그들의 관심사를 선택하고 지원한다. 문자 메시지, 데이트, 시간 할애, 여행 등으로 나의 지지를 표현한다. '사람 우선순위'는 우선순위 중에서 가장 중요하지만 유지하기는 가장 어렵다. 내 주변 사람들을 위한 시간을 만들기 위해 시간을 써야 한다.

4. 여가

우선순위, 활동, 기여와 관련해 나의 마음을 채워주고 힘을 북돋아주는 것이다. 사람들은 시간을 자유롭게 만들어 세계를 여행하고 가족들과 더 많은 시간을 보내고, 봉사활동을 하기 위해 스스로 사업에 뛰어든다. 이 꿈들을 현실로 만들기 위한 첫발을 내딛자.

일단 적어보자. 무엇을 하길 원하든 삶을 더 즐기는 데 도움이 되는 모든 것을 적는다.

무엇이든 상관없다. '여가 우선순위'는 자신이 행복을 느끼거나 힘이 된다고 생각하는 일이다. 정신 건강에 도움이 되거나 타인의 삶에 조금이라도 보탬이 되는 일을 적어보자. 업무를 마무리하면 무슨 일을 하는가? 아니면, 일을 끝내고 무엇을 하면 가장 이상적일까? 은퇴후에 하고 싶은가? 당장 하고 싶은가? 적어보자. 항상 가보고 싶었던 특별한 장소가 있는가? 기대하는 무언가가 있는가? 있다면 적어보자.

5. 선택

4P 아래 있는 내 삶의 꿈을 돌아보자. 이 모두를 한 번에 할 수 있을까? 현실적으로 모든 것을 동시에 하기란 힘들다.

• 개인 목록, 경력 목록, 사람 목록, 여가 목록을 살펴본다.

- 각각의 목록에서 하나만 고를 수 있다면 무엇을 선택할까?
- 각각의 목록에서 하나를 선택해 동그라미 친다.

축하한다! 이제 당신 앞에 4개의 목적을 지원할 4개의 우선순위가 생겼다. 모두 머리로는 이 아이디어를 생각한다. 하고 싶은 일이 마음 속에 가득하지만, 스스로 "난 못 해"라고 말하거나 버거워한다. 그러 면 우선순위를 정할 수 없다.

몇 분만 투자하면 머릿속에 가득한 생각들을 지금 내 삶에 가장 중 요한 4가지로 압축할 수 있다. 진심으로, 자신을 안아주기를 바란다. 방금 정말 큰일을 해냈다. 올바로 해냈다면, 자신의 모든 바람과 꿈을 한곳에 모아 최종 목적을 지원할 4가지 우선순위로 분류한 상태다. 이 4가지 목적과 우선순위는 이제 나만의 북극성이 됐다. 중요한 결 정을 할 때 어떤 선택이 나의 우선순위에 가까운 삶이고, 어떤 선택이 더 멀어지게 하는지 스스로 물어보면 된다.

4가지 목적과 4가지의 우선순위를 염두에 두고 이 책을 읽자. 그다 음 최종 목적을 삶의 가운데에 두는 전략 및 업무 전술을 만든다. 이 과정에서 나의 경력 우선순위는 개인 우선순위를 지원하고 나의 시 간과 삶을 되찾는 데 필요한 여유를 제공한다. 만약 어떤 일이 나를 최종 목적의 우선순위에서 멀어지게 하는 걸 알면서도 선택했다면, 나의 우선순위가 바뀐 것이기 때문에 주도적으로 선택하면 된다.

6. 실행하기

나의 4가지 최종 목적과 그것을 지원해줄 우선순위를 적는다. 그리고 각각 완수하길 원하는 날짜를 적는다. 가정과 직장에서 가치관에 부합하는 행동을 하기 위해 이를 독려하는 환경을 어떻게 만들 수 있을지 적는다. 4가지 우선순위에 각각 상황을 가정한 '만약~, 그러면~' 같은 문장을 적는다.

나의 '개인 우선순위'에 문제가 없고, '경력 우선순위'로 10억을 벌고, '사람 우선순위'로 사랑하는 사람과의 관계를 좋게 하고, '여가 우선순위'로 가족과 세계여행을 하기로 정했다면 다음 빈칸에 가정(만약, 그러면)하는 문장을 써서 삶의 한가운데에 둘 수 있다.

만약 _____를 하면, _____까지 _____를 달성한다.

초월적 목표와 목표 너머의 근거로 한발 더 나아가기 위해 이렇게 동기부여를 할 수도 있다.

만약 매일 _____를 하면, _____까지 _____를 이룰 수 있으니, 내 예상보다 몇 년 더 빠르게 행복을 쥘 수 있다.

방금 한 일은 '예정표 뒤집기'다. 우선순위를 예정표의 가장자리에서 삶의 가운데로 이동시켜야 우선순위를 이루는 예정표가 뒤집힌다. 이 뒤바뀐 예정표는 불필요한 단계를 없애고 올바른 단계를 실행한다.

가정하는 문장의 순서를 뒤집거나 문장 일부를 지우면 더 초월한 목적을 가지게 되고, 시간을 장악하는 방법을 깊이 있게 실행하게 된다.

나는 시간 장악 덕분에 지금 행복한 일을 하면서 살고 있다. 내가 여기까지 오기 위해, 필요하다고 생각한 모든 단계는 전혀 필요하지 않다는 사실을 깨달았다.

이 문장이 모든 상황에 적합한 것은 아니다. 하지만 많은 경우에 적용된다. 최소한 이 문장은 자신이 기다려야 하는지, 두려워하지 말고 뛰어들면 되는지 평가하는 데 도움을 준다.

7. 두려움 부수기

이 원칙을 가르칠 때마다 이유가 꼬리에 꼬리를 물어 할 수 없다고 말하거나 특정 상황에 있는 사람에게만 해당하는 것이 아니냐고 말하는 사람이 있다. 이런 비판은 2가지 이유에서 정답이다. 모든 상황은 다르기 마련이며 자신이 할 수 없다고 믿는다면, 그게 맞다.

하지만 이 책을 읽고 있는 사람에게 변명은 통하지 않는다. 목표를 이루는 데 시간이 없고, 배우지 못했으며, 경험이 부족하고, 돈이 없다는 것은 변명이 되지 않는다. 내가 있는 위치에서 시작하자. 시작도 하기 전에 자신에게 무언가가 더 필요하다고 말하지 말자.

시간을 장악하는 사람으로서 내가 해야 할 것은 창의적으로 문제를 해결하는 것이다. 그리고 앞으로 배우겠지만, 문제를 직접 해결할 필요도 없다. 전문가에게 맡기면 된다. (이것이 바로 '전문가 고용'이다.) 만약, 다양한 이유로 할 수 없다고 말하고 있다면 새로운 질문을 던져보자.

_____가 일어나지 않게 _____를 극복하려면 _____까지 무엇을 해야 할까?

또,

_____가 일어나지 않게 _____를 극복하려면 _____까지 누구의 도움을 받아야 할까?

혹은

이 문제를 이미 극복했다면 다음에는 무엇을 해야 할까?

목적에 따라 살면, 우선순위가 따라온다.

생산성의 4p 표

다음 4P 표로 나의 우선순위를 찾아보자.

무엇을	왜
개인	만약 : 그러면 :
경력	만약 : 그러면 :
사람	만약 : 그러면 :
여가	만약 : 그러면 :

무엇을	왜
개인	날짜 : 극복해야 할 공포와 장애물 :
경력	날짜 : 극복해야 할 공포와 장애물 :
사람	날짜 : 극복해야 할 공포와 장애물 :
여가	날짜 : 극복해야 할 공포와 장애물 :

균형이 아니라
유연함을 위한 업무를 하자.

업무와 삶에
유연하게 대응하라
: 시간을 확실히 장악하기

우리는 직장 생활이 즐거울 수 있고, 즐거워야 한다는 사실을
너무 자주 잊고 산다.

도리 클라크 Dorie Clark, 《스탠드 아웃》의 저자

연봉 10억짜리 제안 거절하기

더그는 뉴욕에 있는 아주 큰 투자은행에서 일을 시작했다. 주로 숫
자를 다루는 팀에서 일했지만 빼어난 소통, 문제 해결 능력, 원만한 대
인관계 덕분에 소득과 직위가 빠르게 올라갔다. 마침내 상무이사로
고속 승진하면서 가족과 뉴욕을 떠나 파리로 가는 것을 제안받았다.

더그는 말했다.

"외국에 살면서 어린 자녀들에게 두 번째 언어를 가르치기 위해 기회를 잡았습니다. 그런데 문제가 있었죠. 투자 회사에서의 승진은 파이 먹기 대회의 1등과 같아서 먹어야 할 파이가 더 많이 생긴다는 것이었어요. '파이를' 좋아하는 것으로는 안 되고 '파이만' 좋아해야 합니다. 책임이 커진다고 자원까지 늘어나는 건 아니었고, 업무 시간과 범위는 줄어들지 않았습니다."

업계에서 더그가 하는 일은 자조적인 농담으로 '황금으로 만든 감옥'이라고 부른다. 밖에서 보면 소득, 평판 등이 아주 좋아 보이지만 그것이 오히려 감옥이 돼서 자유롭게 살지 못하게 만든다. 생활이 좀먹고 지나치게 몰입하다 보면 약물 중독자가 헤로인에 의지하듯이 어느새 급여에 의존하는 것이다.

더그의 부모님은 두 분 다 교사였다. 집안 사정이 풍족했던 적이 없었고, 저축과 계획이 중요하다고 배웠다. 그래서 더그는 금융 업계에서 일하면서 아이들의 미래를 바꿔주고 싶다고 생각했다. 더 많이 저축했고 절약을 우선시했다. 가족과 아이들을 위해 오래 일하고 또 자신의 희생을 정당화했다. 그것이 가족들에게 어떤 행동이었는지 깨닫지 못했다.

각자의 상황이 다르지만, 더그의 다음 말들이 와닿는가? 더그는 자신의 상황을 이렇게 설명했다.

"가족들과 떨어져 있는 시간이 많았다."

"우리 가족은 아주 친밀했지만, 아이들은 새로운 나라에 적응하고 프랑스어를 배우는 데 어려움을 겪었다."

"너무 바빠서 가족들이 어떤 희생을 치르는지 알아챌 기회조차 없었다."

"아이들이 학교에 가기 전에 집을 나와서 잠자리에 들기 직전에 들어왔다."

"일요일에는 주중에 하지 못한 업무와 메일을 정리했다."

"가족과 있을 때도 스트레스로 정신이 팔려, 없는 사람만 못했다."

"나는 성공했지만, 통제력이 없었다."

"나의 시간을 통제할 수 없었다."

"나의 우선순위를 통제할 수 없었다."

"언제, 어디서 일할지 통제할 수 없었고, 마음대로 쉴 수도 없었다."

"시간이 부족해 나의 건강조차 통제할 수 없었다."

더그는 무언가 바꾸려면 자신부터 바뀌어야 한다는 것을 알고 있었다. 더 자기 자신의 뜻대로 살고 싶었고, 가족과 더 많은 시간을 보내고 싶었다. 아이들을 학교에 데려다주고, 어떤 하루를 보냈는지 듣고, 숙제를 봐주고 싶었다. 휴가를 쓰고 싶을 때 쓰고, 자신이 원하는 장소에서 살고 싶었다. 취미 생활을 할 시간을 원했다. 아내와 시간을 보내며 저녁 데이트를 하고 가끔 추억도 쌓고 싶었다. 운동을 하고 가족들을 위해 요리할 수 있는 시간을 원했다. 더그는 이 모든 것을 '똑같은 수입과 주변에 대한 영향력을 유지한 채' 하는 것이 꿈이었다.

이런 목표를 위해 노력하는 사람이 자신뿐만이 아님을 깨달은 즉시 자기계발에 관련된 책과 팟캐스트를 뒤졌다. 그가 내 작업을 발견하고 나에게 연락한 때다. 그는 미국 정부가 폐쇄됐던 동안 가족들과 파리에 머물렀는데, 업무와 삶의 유연함, 그리고 내 삶에 '기술자이자 설계자가 되는 방법'을 배우고 싶어 했다.

코칭을 중간쯤 진행했을 때 자신과 가족을 위해 만들고 싶은 미래와 우선순위가 확실해졌다. 그리고 그즈음, 더그가 금융 업계에서 일을 시작할 당시 함께 일했던 상관에게 연락이 왔다. 그는 수백 명을 관리하는 더 큰 역할을 맡게 됐는데 자신을 도와줄 사람을 필요로 했다. 기세가 꺾인 크고 중요한 부서를 운영할 수 있는 기술이 뛰어나고, 내부 관리를 잘해줄 사람을 원했다.

"그는 그 일을 저보다 잘할 사람을 떠올리지 못했고 제게 관심이 있냐고 물어봤어요. 뉴욕에 돌아가서 총 10억을 받는 일이었죠." 그리고 더그는 자기 자신에게 이렇게 말했다.

"내 자리가 아니야. 그 일은 안 한다고 말하자. 가장 원하는 걸 얻을 수 없는 일이니 아까워할 필요 없어."

더그에게 10억이 가치가 없다거나 큰돈이 아니라는 뜻이 아니다. 우선순위가 달랐을 뿐이다. 더그는 최종 목적의 관점에서 자신의 내면을 살폈다. 궁극적인 목표는 다음과 같았다.

"10억을 받는 대가는? 나의 일상은 어떻게 될까?"

자신에게 이렇게 질문하자 매일 출근해야 하는 생활이 피부로 느껴졌다. 해가 뜨기도 전에 사무실에 가서, 종일 사내 정치와 싸우며, 완전히 어두워질 때까지 사무실에 머물러야 할 것이다. 그러자 성취감이 더 큰 일을 할 시간을 놓치는 것이 아까웠다. 직장을 옮기면 더 많은 스트레스에 시달리고 가족들과도 더 멀어질 것이다. 취미 생활을 할 시간도 더 줄어들고, 건강도 나빠질 것이다.

"눈 깜빡할 사이에 자라는 아이들의 모습을 놓치고 싶지 않았습니다."

아이들이 자기 인생을 찾아 집을 떠나기 전까지 함께 보낼 수 있는 여름이 얼마 남지 않았다는 것을 깨달았고, 그 사실이 더그에게 동기를 부여했다. 더그는 자신의 결정에 관해 설명했다.

"거절하는 건 쉬웠어요. 다만 그렇게 분명하고 단호하게 결정했다는 점에서 스스로 놀랐죠. 그런데 저의 첫 상관이자 멘토에게 새 일자리를 어떻게 거절해야 할지 걱정됐습니다."

나는 더그가 10억짜리 기회를 거절하겠다고 말했을 때 걱정했다. 더그의 의도와 그가 그리는 삶을 더 많이 알고 싶었다. 그의 가족을 떠올렸고, 지금보다 젊었다면 1초의 망설임도 없이 수락했을 높은 수입이 보장되는 제안을 거절하기로 한 결정이 궁금했다. 그리고 몇 가지 질문으로 그의 목표를 이해한 뒤, 조금 독특한 아이디어를 함께 공유했다.

우리는 돈과 의미 사이에서 선택하는 법과 어떻게 해야 두 요소가 대립하지 않을지 이야기했다. 창의성을 발휘하면 돈과 의미가 서로 보완하도록 만들 수 있다. 시간을 장악할 때 두 가지 좋은 선택지가 눈앞에 있다면 분리해서 생각하지 말고 '이중 실천'할 기회로 보자. '이중 실천'은 내가 만든 용어로, 업무와 삶의 대립하는 두 가지 면을 하나로 합쳐서 삶의 중요한 선택과 문제를 해결하는 방법이다.

나는 더그의 경험과 가치를 존중하면서도 이 기회를 놓치지 않기를 바랐다. 그래서 스티븐 M. R. 코비Stephen M. R. Covey에게 배운 내용을 공유했다. 상대와 껄끄러운 대화를 해야 한다면 먼저 자신에게 묻자.

"어떻게 해야 상대와 하기 어려운 대화를 하고 신뢰도 구축할까?"

더그는 시간을 뺏기고 싶지 않아서 그 일을 거절하려고 했다. 그래서 우리는 현재 혹은 미래에 시간을 뺏기는 일 없이 그 제안을 받아들

일 방법을 이야기했다. 더그가 진심으로 존경하는 예전 상사와 신뢰와 투명함을 강화하는 게 중요했다. 우리는 결과에 바탕을 둔 업무로 더그의 자율성을 유지하면서도, 상사에게 제안할 가치가 있는 좋은 대안을 마련했다.

엄청난 관점의 변화였다. 원치 않는 일은 거절하면서 신뢰를 구축하고, 스스로 미래의 자문가가 되어, 장소와 상관없이 일한다는 생각이었다. 자문가가 되는 것은 한 번도 생각하지 않은 일이었다. 협상 테이블에 놓인 것은 원치 않는 장소에서 정해진 시간에 해야 하는 일이었지만, 자신의 대답이 꼭 '예, 아니오'일 필요가 없다는 사실을 깨달았다.

더그는 대화로 신뢰를 구축하고 예전 상사에게 사실대로 말했다. 그 상관에게 150%로 능력을 발휘할 사람이 필요할 때 자신을 떠올려줘서 영광이라고 전했다. 그리고 업무 자체는 흥미롭지만 일을 위해 모든 것을 포기할 수는 없다고 말했다. 자신은 프로젝트와 고객을 선택할 수 있고, 사는 곳을 정할 수 있으며, 업무와 생활이 더 유연한 역할을 원한다고도 전했다.

놀랍게도, 더그의 상사는 더그를 완전히 이해해주었다. 뿐만 아니라 다음에 자신의 도움이 필요한 컨설팅 프로젝트가 생기면 다시 이야기하자고까지 했다. 이 일은 더그 개인적으로 정말 큰 시험이었다. 더그는 항상 개인 사업을 시작하면 어떨까 생각하고 있었고, 이제 예전 상사는 더그의 잠재적인 첫 번째 주요 고객이 됐다.

시간을 확실히
장악하기 위한 전략

가치의 기준을 말하는 것은 생각보다 아주 쉽다. 시련은 다른 곳에서 왔다.

"그런데 나의 가치 그리고 원하는 방향과 대립하지만, 엄청난 보상이 따르는 제안을 받으면 어떻게 대답해야 할까요?"

'그냥 몇 년만 더 할까?'라고 생각하면서 마음이 흔들릴 수 있다. 더그가 자신의 가치관에 집중해 시험을 통과한 이 경험은 자신이 정한 이상적인 삶으로 향하는 데 더 큰 자신감을 주었다. 결정을 내릴 수 있었던 방법은 다음과 같다.

① 시간 장악 프로젝트 만들기

더그와 작업치료사인 아내 린지는 온라인 사업을 개발하는 데 시간을 투자해, 작업치료사들이 자신만의 개별 치료 활동을 시작하고 성장할 수 있는 정교한 프로그램을 만들었다. 두 사람은 일할 장소를 선택할 자유가 중요했다. 이 문제에 깊이 파고들자, 진정으로 원하는 것은 시간의 자유와 유연함이라는 것을 깨달았다. 두 사람에게 시간의 자유란 언제, 얼마나 일할지 선택하는 능력이었다. 위치의 자유는 따라오는 것이다.

② 긍정 제약 구분하기

아이들이 여름방학 때 일본에 8주 동안 가고 싶다고 하면 망설이지 않고 "가자!"라고 말하고 싶었다. 여기서 핵심적인 제약이 생겼다. 똑똑하고 현명하게 프로젝트의 유형을 고려해야 했고, 더 중요한 것은 '어떻게 실행하는가'였다. 여기 두 사람이 일상에 맞게 목표를 재설계하는 데 사용한 질문들이 있다. 긍정적인 제약을 구별하는 질문들이다. 나의 상황에 맞게 활용해보자.

- '한다'라고 대답할 수 있는 활동은 무엇인가? '안 한다'라고 대답하는 것이 더 중요하다.
- 어떤 영상, 블로그, 인터뷰, 기록을 먼저 진행할 수 있을까?
- 어떤 '선행 학습'을 해야 여름에 장기간 일을 쉴 수 있을까?
- 시간을 되찾는 프로젝트를 진행할 다른 방법이 있을까? (각각의 프로젝트에 가상 비서와 주제별 전문가를 고용한다. 우리를 중심으로 프로젝트를 묶어서 자동화하는 데 집중한다 등)
- 창립 일정을 어떻게 세워야 가족 약속 때문에 코칭 면담이 중단되지 않을까?

시간에 자유로워지려다가 갇히는 상황에 주의해야 한다. 미래에 일어날 수 있는 부정적인 일들을 예방하는 제약으로 자유를 창조할 때,

시간을 장악할 수 있다.

두 사람은 완벽하게 해냈을까? 더그가 말했다.

"아니오, 아직입니다."

하지만 놀라운 진전을 이뤘고, 계속 조정하고 있다. "무엇보다 좋은 것은 우리의 통제력을 깨닫고 확신한다는 점이에요." 두 사람은 가족에게 맞는 것을 찾고 현실화하기 위해서 열심히 일하고 있다. 예전에는 흘러가는 대로 생활했다. 하지만 지금은 의도에 더 많이 집중한다. 피하지 않고 표적을 겨냥한다.

③ 업무와 삶의 유연함 선택하기

더그는 이번 여름에 8주 동안 포르투갈에서 일했다. 아이들은 매일 서핑, 테니스, 로봇공학 같은 다양한 특별 활동을 했고, 나라 전체를 여행했다. 서부에서 출발해 1~2주마다 장소를 선택해 이동했고, 스페인 근처 북부에서 여행을 마무리했다.

④ 삶의 따뜻한 순간을 위한 여유 가지기

린지는 어머니가 돌아가셨을 때 미국에 돌아가 17일 동안 아버지와 함께 지냈다. 어떤 상황이든 부모님을 잃는 건 언제나 괴롭다. 린지는 17일 동안 아버지를 도왔고, 그동안 더그는 아이들과 계속 함께 있을 수 있었다. 더그와 린지는 이미 작업치료사들을 위해 자동화 프로그램을 구축했다. 린지가 아버지를 돕고 있는 순간에도 수백만 원을 벌었다. 모두 미리 계획하고 준비하며, 삶에 변화를 만든 덕분이다.

이 글을 쓰는 중에도 더그와 린지 그리고 자녀들은 포르투갈에 갈 계획을 세우고 있다. 그들은 개별 프로젝트를 원격 업무로 처리할 예정인데, 위치에 구애받지 않고 유연한 삶을 실천한 덕분이다.

"해결할 문제가 수없이 많지만, 우리는 삶과 사업을 설계하는 데 성공했습니다. 우리가 해결할 수 있을 뿐만 아니라 잘 해낼 시간도 있음을 알고 있어요."

목표를 달성하는 데 100가지 단계가 필요하다고 생각한 일을 한 번에 해냈을 때, 우리가 알던 시간은 붕괴된다.

긍정적 변화를 만드는
업무와 삶의 유연함

힘의 균형은 변화를 막는다. 삶과 업무에서 균형을 추구하는 것은 줄다리기하거나 누가 문을 닫으려고 하는데 반대쪽에서 열려고 시도하는 상황과 같다. 움직임을 변하게 하려면 밀든 당기든 힘의 균형이 깨져야만 한다. 삶과 업무 사이에서 시간의 균형을 맞추려고 노력하면, 결과적으로 움직임을 막기 때문이다. 삶이 이쪽에서 줄을 당기면 반대편에서 업무가 줄을 당긴다.

원하는 방향으로 나아가 긍정적인 변화를 만들고 싶다면, 움직이는 상황을 만드는 것은 나의 책임이다(하지만 대부분 하지 않는다). 당연히 삶은 불균형해지지만 내가 원하는 방향으로 굴러가게 된다(그리고 원할 때 방향을 바꿔야 한다). 삶과 업무는 서로를 지지하고 또 시간을 탄력적으로 만들 수 있다. 업무와 삶의 유연함은 줄다리기와 문 열기 시합을 승리로 이끌어 스트레스를 최소화하고 이득을 최대화한다.

> 66 시간을 장악하는 사람들은 업무와 삶의 균형이 아닌
>
> 업무와 삶의 유연함을 추구한다. 99

몇 년 전에 벤저민 하디라는 대학생이 내 책《스튜피드》를 읽고 메일을 보냈다. 나는 바로 벤저민에게 전화해서 그의 목표인 성공적인 작가가 되는 방법을 가르쳐줬다. 벤저민은 놀라운 속도로 블로거로 성공했다. 즉시 자신의 이상적인 생활 방식과 최종 목표에 맞춰 블로그 플랫폼을 변화시켰고, 하나의 사업으로 만들었다. 그가 열망하던 생활 방식을 유지하면서 Inc.com 블로그에 글을 써서 7일 만에 약 2,800만 원이라는 수익을 만들었다.

하지만 벤저민의 진정한 목표는 성공적인 작가가 되는 것이 아니었다. 평생에 걸쳐 글로 사람들에게 영향력을 끼치면서, 동시에 당장

늘어나는 가족들을 돌보고 싶어 했다. 당시 세 아이를 입양한 상태였는데, 아직 학생인 벤저민은 벌이가 빠듯했다. 하지만 양육에 어려움을 겪으면서도 삶의 궤적을 바꾸고 타인을 도울 방법을 배우고 싶어했다.

현재 그는 베스트셀러 작가다. 공과 사를 아우르는 목표를 찾고, 자신이 우선시하는 이상적인 생활 방식을 중심으로 사업을 설계해 수억 원을 벌고 있다. 시간 장악의 원칙을 적용해 대부분의 사람들이 은퇴까지 미루거나 혹은 영원히 하지 않아 이루지 못한 삶을 살고 있다. 삶의 가장 중요한 가치인 가족과 신념을 달력에 제일 먼저 적고, 그다음 업무를 진행하는 사치를 누린다.

벤저민은 최종 목적에서 시작했다. 그리고 자신의 최종 목표에 부합하는 프로젝트로 삶을 불균형하게 만들고 원하는 방향으로 끌고 갔다. 일정표의 끝에 있던 목표를 '미래의 언젠가'에서 '바로 지금'으로 옮겼을 때, 비로소 시곗바늘이 움직였다. 벤저민 하디 박사는 말했다.

"성공은 미래의 자신에게 충실할 때 이루어진다."

목표에는 회복력이 있다. 원하는 것을 위해 시간을 만드는 것은 예술이다. 캔버스가 아니라 붓을 들어야 한다.

중요한 것은 미래가 아닌 지금

시간 장악의 기술은 같은 직업과 같은 수입을 가진 두 사람의 삶을 아주 다르게 만든다. 한쪽은 시간의 자유가 부족하거나 없는 반면, 다른 쪽은 세상 모든 시간을 가진 듯 보인다. 기본적으로 같은 직업을 가진 두 사람이 왜 그렇게 다른 삶을 살게 되는 걸까?

삶이 뒤죽박죽일 때 오히려 나의 우선순위를 세울 수 있다. 업무와 삶을 유연함에만 초점을 맞춰서는 안 된다. 업무와 삶의 조화를 지향해야 한다. 지금 나에게 중요한 일에 나의 시간을 사용하자. 우선순위를 바꾸는 게 아니라 우선순위를 언제, 어떻게 다룰지가 중요하다.

나의 최종 목적을 우선시하면 혼란을 밀어내고 시간을 끌어당길 수 있다. 미래의 큰 대가를 위해서 일하더라도, 현재 하는 일이 가장 중요하다. 그것이 다른 사람에게 나를 보여주는 방식이다. 현재 하는 일이 중요하지 않거나 덜 중요하다면 왜 계속하고 있는 걸까?

우리는 시간은 풍족하고 미래는 영원한 것처럼 보여 시간을 당연시하는 경향이 있다. 시간을 장악한 사람들은 이상적인 오늘을 우선시하고 업무와 삶을 유연하게 만들어 현재를 지탱한다. 시간 장악의 기술은 인지, 일관성, 집중력의 전쟁을 승리로 이끈다.

자신의 계획에 우선 집중하기

최근 미망인이 된 억만장자를 만났다. 그녀의 남편은 '업무와 삶의 균형'이 맞지 않았고, 가족들과 시간을 보내지 않은 나쁜 아빠였다. 시간관리의 사례에서 자주 볼 수 있는 사람이다. 그는 직원 수천 명의 시간을 철저하게 관리하는 사업으로 돈을 벌었지만, 가족들을 위한 시간은 관리하지 않은 사람이었다.

시간을 빨아먹고, 혼란을 주는 전통적인 시간관리는 나의 개인적인 삶과는 무관한 한물간 방식이다. 내가 무엇을 하는지가 아니라, 그 과정에서 어떤 사람이 되느냐가 중요하다. 시간을 장악하면 장기적으로 더 많은 시간을 만든다.

시간관리의 이상한 역설이 있다. 시간을 관리할수록 중요한 일을 할 시간이 줄어들고, 시간을 적게 관리할수록 끝낸 일이 많아진다.

삶의 새로운 일정표를 만들 때 용기가 필요하다.

대체로 인간은 미래를 잘 예측하지 못한다. 그래서 우리는 꿈의 기준을 움직이는 데 불필요한 일들을 쓸데없이 무수한 단계로 계획한다. 목표를 정돈해 우선순위를 정하고, 업무와 삶의 유연함을 위한 프로젝트를 만들자.

사람은 직접 성공을 가져오는 행동 대신 우리의 꿈과 별로 상관없는 길을 선택하는 경향이 있다. 비이성적인 목표 설정은 그 목표를 이루기까지 시간을 심각하게 늦추고 쓸데없는 정서적 불안만 일으킨다. 반대로, 업무와 삶에 대해 계속 배우는 것은 일상에서 할 수 있는 최선의 활동이다. 계속해서 실행하지 않으면 발전할 수 없다. 모든 상황에 완벽하게 들어맞는 한 가지 일을 찾아 내가 필요하다고 생각했던 모든 불필요한 단계를 뛰어넘으면 어떻게 될까?

계획을 치밀하게 세웠든 그렇지 않든, 계획을 짜는 걸 좋아하든 일정만 봐도 숨이 막히든, 미리 의도한 계획이 정해진 대로 되는지 안되는지 확인하는 게 중요하다. 심지어 자신의 계획이 완벽하게 실행되더라도, 처음부터 내가 하고 싶은 일을 하고 있는지 자신에게 물어보자.

다음 질문을 참고하면 된다.

- 이 계획은 내가 원하는 모습이 되는 데 최선의 도움일까?
- 그리고 가려고 계획한 장소에 도착한 후에도 묻는다. 그곳은 내가 궁극적으로 원하던 곳일까 아니면, 내가 원하는 곳으로 향하는 또 하나의 '다리'일까?

가능성, 창의성, 무언가 다르게 만들어줄 변화, 즉흥성, 뜻밖의 무언가를 위한 여유를 계획에 고정적으로 남겨놔야 한다. 전혀 사용하지 않더라도 마찬가지다. 가장 멍청한 실수는 계획을 잘못 세우는 게 아니라, 잘못된 계획이 우리에게 최선의 길이 아니라는 것을 알면서도 계속 따르는 것이다. 많은 시간과 노력을 들였다고 해서 옳은 일이 되진 않는다. 세심하게 준비한 소포를 일부러 잘못된 주소에 보내는 것과 같다.

자존심을 지키기 위해 두 배로 잘못된 계획을 그대로 실행한다고 해서 행복해지고 생산성이 늘지 않는다. 겸손은 배울 수 있고, 배울 수 있다면 변할 수 있다. 행동이 변하기 전에는 배웠다고 말할 수 없다.

시간을 창조하는
초월적 목표와 결정

나는 새로운 프로젝트를 할 때 가까운 미래에 시간을 들이기보다는 시간이 더 많이 생기도록 목표를 정한 후 전술을 짜고, 실행한다. 지금부터 5년 뒤 시간의 자유 얻기를 목표로 하는 것과 지금부터 5주 뒤 시간의 자유 얻기를 목표로 하는 것을 비교해보자. 접근 방법은 다를 수 있지만 들이는 노력은 대체로 비슷하다.

마감일을 맞추기 위해 발휘했던 엄청난 능력을 생각해보라. 1주 혹은 2주 동안 회사에 출근할 수 없다면 어떤 방식으로 일하게 될지 상상하자. 그리고 이제 그 생각 중 일부를 자신의 미래에 적용해본다.

마감일이 코앞에 닥친 사람보다 생산적인 사람은 없다. 실무자와 소유자는 시간을 사용하는 방법에서 차이가 난다. 삶 속에서 원하는 것에 집중해 시간을 다르게 설계하고, 동시에 업무도 완료할 수 있다. 건축가는 건물을 짓지 않는다. 건물은 하청업자들이 짓는다.

내가 배수로를 잘 판다고 가정해보자. 이 경우 '힘이 센 정도'는 내가 배수로를 잘 판다는 것을 보여줄 수는 있지만, 원하지 않거나 필요하지 않아도 계속 배수로를 파게 만든다. 여기서 힘이 센 정도는 시간의 함정이다. 배수로를 그만 파고 싶어지면 어떻게 할 것인가?

뿌린 대로 거두기 마련이다. 씨앗이 뿌리가 되고 나무가 된다. 하나의 씨앗처럼 내가 사용한 시간이 뿌리가 되고 인생이 된다. 지금 가장 원하는 일을 해서 가장 즐기고 싶은 씨앗을 심어야 한다.

좋은 소식은 시간은 씨앗이 아니라는 점이다.

    시간을 지렛대로 활용하면
무엇이든 할 수 있다.

하지만 그 꿈을 위해 시간을 적게 쓰면 쓸수록, 미래에 그 꿈에 쓸 시간도 적어진다. 내가 원하는 방향으로 자라는 것을 볼 수 없다.

자신의 삶과 시간에 부정적인 영향을 끼치는 업무를 막는 데 겸허하게 접근해야 한다. 시간을 들이는 게 아닌, 시간을 만드는 프로젝트를 과감하게 창조하자.

업무와 삶의 유연함을 위한
프로젝트 만들기

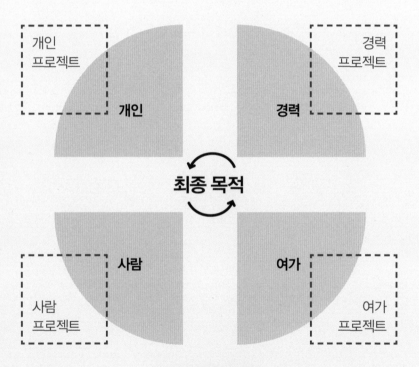

목적 프로젝트 만들기

다음은 개인, 경력, 사람, 여가(4P) 위주로 프로젝트를 구축하고, 각각의 우선순위에 집중해 업무와 삶의 유연함을 만드는 데 도움을 주는 활동이다.

나는 더 큰 시간의 유연함과 자유를 얻어 생산적이고 자신의 기준에 맞는 행복한 삶을 사는 데 도움을 주고자 시간 장악의 기술을 만들었다. 앞서 우리는 4P를 탐색해 각자의 최종 목적을 찾았다. 이제 각각의 시간을 장악하는 것을 목표로 시작부터 자유와 유연함을 늘리고, 더 많은 시간의 자유와 경험으로 확장될 프로젝트를 만들 준비가 됐다. 내가 세상에 도움이 되고, 사랑하는 것을 보여주는 가장 좋은 방법은 실천하는 것이다.

생산성의 4P로
나의 최종 목적 끌어내기

1. 나의 우선순위를 위한 시간을 만들어줄 프로젝트를 각각의 최종 목적에 맞춰 적어보자.

  • 개인 우선순위 프로젝트 :
  • 경력 우선순위 프로젝트 :

- 사람 우선순위 프로젝트 :

- 여가 우선순위 프로젝트 :

2. 이 프로젝트를 올바른 방향으로 실행하기 위해 오늘 처음으로 할 수 있는 간단하고 의식적인 일은 무엇인가?

3. 이 프로젝트를 끝내길 바라는 날짜는 언제인가?

4. 나의 목표를 일깨워줄 일일, 주간, 월간, 연간 일정표를 만든다.

프로젝트에는 시작과 끝이 있다. 실패할 수도, 성공할 수도 있다. 목적 프로젝트를 만드는 작업은 무언가를 바라는 데서 그치지 않고, 우리가 꿈을 경험하고 실험하게 함으로써 즉시 그 꿈의 일부가 되게 만든다.

지금까지 일어난 일들을 생각해보자. 일정표의 끝에 걸려 있는 목표를 정하고, 초월적 목표와 결정으로 최종 목적에 맞는 환경을 만든 후 우선순위에 따라 목적 프로젝트를 만들었다. 시간을 장악하는 기술은 내가 꿈꾼 생활이 순식간에 현실이 되게 한다.

목적 프로젝트

꿈은 이루어지기 전에는 끝나지 않는다. 프로젝트는 생산적인 과정을 집중적으로 학습하게 만들고, 학습한 지식을 유지하게 돕는다.

프로젝트의 마감일을 오늘로 정하고 바로 시작해 꿈을 미래에서 현실로 가지고 오자. 업무 위주의 시간관리에서 시간 장악으로 이동하는 것을 표현하는 단어가 있다. 바로 '해방'이다.

‘성’을 만든 다음, ‘해자’(적의 침입을 막기 위해

성 주변에 만든 도랑)를 둘러라.

최종 목적인 '성'을 만든 다음, 보호해줄 '해자'를 둘러라

: 시간을 자유롭게 만든 후 보호하기

사랑과 성공은 언제나 순서를 지켜야 한다.
간단하면서 어려운 일이다.

미스터 로저스 Mister Rogers, **미국의 유명 TV 프로그램 제작자 겸 방송인**

시간을 장악하려면
무엇부터 해야 할까?

샘 존스는《스튜피드》를 읽은 뒤 가족, 친구들과 더 자유롭게 여행하고 시간을 보내기 위해 주문 후 제작하는 의류 사업을 시작했다. 하지만 자신도 모르는 사이에 사업이 그를 운영하기 시작했다. 샘은 언젠가 자유로워지기 위해 싫어하는 일을 하느라 바빠졌고, 인간관계와 자유는 순위에서 뒤로 밀렸다. 시작할 때는 올바른 방향으로 걸음을 디뎠지만, 결국 시간이 부족해지고 나서야 사업을 잘못된 형태로 구축했다는 것을 알게 됐다. 그는 사업을 넘기고 다시 맨땅에서 시작할 기회를 찾았다. 목표는 사업이 아니라 자유였다.

사업을 처분한 뒤 샘이 나를 찾아왔다. 나는 그에게 "성을 짓기도 전에 해자를 서둘러 만든 것"이라고 설명했다. 일하는 목적은 바뀠지만, 자신의 우선순위에 맞지 않았다. 장사가 자신의 꿈이라고 생각했으나 깨닫고 보니 꿈에 장벽을 두르고 있었던 셈이다. 자유, 경제적 독립, 그리고 나만의 기준을 만들기 위해 사업을 시작했다. 그런데 자신도 모르는 사이 주변에 벽을 쌓아 스스로 꿈을 이루지 못하게 만들었다. 해자에 정신이 팔려 성은 지어보지도 못했다.

반드시 성을 먼저 짓고, 그다음 성 주변에 해자를 둘러야 한다. 현재는 가족, 시간 그리고 여행을 중심으로 새로운 프로젝트를 만들고 있다. 전혀 다른 사고방식이지만 지금의 샘에게는 아주 간단하다.

진짜 목표는 일하는 장소를 스스로 정하고 원한다면 언제, 어디로든 가족과 여행하는 능력이라는 것을 깨달았다. 먼저 자신이 생각하는 가치를 우선순위로 두고, 그다음 남는 시간에 업무를 맞춰야 한다는 것을 배웠다. 그러자, 한때 완성하기까지 8시간은 필요하다고 생각한 작업을 2시간 만에 끝내고 있는 자신을 발견했다. 예전에는 사업 주변에 가족과 자유를 뒀지만, 지금은 가족과 자유 주위에 사업을 구축한다.

"가치를 첫 번째로 두고, 나의 가치를 지탱해줄 사업을 만드는 거예요."

성은 '최종 목적'을 상징한다. 나의 목적과 우선순위다. 해자는 '성을 보호하는 업무'다. 시간을 자유롭게 하고 난 뒤에 그 시간을 보호해야 한다. '기다림도 과정의 일부'라는 나를 제한하는 신념을 내려놓자. 그동안 우리는 시간을 투자하고 대가를 치르면 마침내 삶에서 진짜 원하던 일을 자유롭게 할 수 있다는 조건부 믿음을 따랐다.

자유롭게 일하고 돈을 버는 능력은 엄청난 특권이다. 언제, 어디서, 어떻게 일할지 선택할 수 있다는 것은 대단한 행운이다. 이런 편리함은 아무나 가질 수 없다. 전통적으로, 기업은 성이었고 직원들은 해자 안에서 일했다. 시간관리는 직원들이 자신만의 성을 짓도록 설계된 적이 없다. 시간관리는 직원들이 계속 해자를 파도록 설계됐다.

기술과 기회의 진보로 당신과 나는 우리의 성, 즉 꿈을 먼저 짓고 그다음 해자를 파서 성을 요새로 만들고, 지원하고, 지켜줄 수 있게 됐다. 어떻게 일할지는 당신의 선택이다. 더 큰 자율성을 원한다면, 반드시 우선순위의 순서를 바꿔야 한다.

너무 많은 사람이 해자 만들기부터 시작한다. 그리고 빠져나올 수 있는데 빠져나오지 않는다. 성부터 짓고 해자를 지어야 시간을 자유롭게 하고, 그 시간을 지킬 수 있다.

기존의 일정표를 뭉개
내 시간 보호하기

소설 《시간의 주름》에서 후 부인과 와츠잇 부인은 실 위를 걷는 개미 한 마리로 시간 여행을 설명한다. 만약 개미가 자신의 위치에서 가고 싶은 곳으로 가려면 꽤 먼 거리를 가야 한다. 그런데 후 부인은 양손으로 실을 잡고 목적지를 개미 앞에 당겨 그 여정을 짧게 만들었다. 시간을 장악하는 것도 이와 비슷하다. 내가 원하는 것이 무엇인지 안다면, 자신이 생각하는 마지막 단계를 첫 번째 단계로 실행해야 한다. 이로써 시간을 무너뜨리고 미래, 즉 나의 최종 목적을 현재로 가져올 수 있다. 마지막 부분을 가장 먼저 실행해 일정표를 뭉개는 것이다.

시간을 장악하려면 가장 먼저 자신의 이상적인 생활을 선택하자. 어디에 살고 싶은가? 나의 하루를 어떻게 사용하고 싶은가? 이것이 자신에게 물어야 할 첫 번째 질문들이다.

돈을 따라 무작위로 일자리를 찾는 대신, 우선 생활 방식을 정한 다음 사업이나 경력을 바탕으로 내 요구에 맞는 수입원을 만들거나 찾아야 한다. 사람들은 대개 직업을 찾고 그 주변에 삶을 형성한다. 시간 장악의 기술은 이 작업 방식을 긍정적으로 뒤집는다.

자신의 최종적인 삶의 선택(이상적인 삶)을 한가운데에 배치하고, 그 주위로 지원 및 보호 역할을 하는 경력을 만든다. 비유하자면, 사람들은 성(최종 목적)에 살고 싶다고 말하면서 해자('일'이라고 부르는 혼란)부터 파고 끝내 성은 짓지 못한다. 성부터 짓고 그다음 해자를 구축해야, 자신의 우선순위에 맞고 무너뜨릴 수 없는 요새가 된다. 시간을 장악하는 사람들은 자신의 꿈 주위에 '전략적 해자'와 '경제적 해자'를 만들어 꿈을 보호하고, 불필요하게 기다리지 않고 이상을 추구한다.

워런 버핏Warren Buffett 역시 투자할 때 경제적 해자를 만들어 그들의 성을 보호하는 기업을 찾는다. 버핏은 이렇게 썼다.

"코카콜라와 질레트는 최근 몇 년 동안 시장 점유율을 증가시켰다. 브랜드 이름이 가지는 힘, 제품의 특성, 강력하게 분산된 시스템은 경쟁에서 엄청난 우위를 만들어, 기업의 경제적 성을 보호하는 해자가 된다. 반면 평범한 기업은 어떠한 보호 수단도 없이 매일 전쟁을 치른다."

당신의 삶은 시간을 위한 전쟁에서 보호받고 있는가?

시간을 장악하는 사람들은 가운데(최종 목적, 목적, 생활 방식, 자기 표현, 가치, 꿈)를 보호하는 전략적 해자(일의 방식)와 경제적 해자(일의 보상)를 의도적으로 만들어 자신의 시간을 보호한다. 시간의 자유는 내가 창조한 환경이다. 무언가 잘못되면 그것을 고칠 유연성이 있고, 다시 잘못될 여지를 막으며, 더 나은 미래를 위해 다시 구축할 수도 있다.

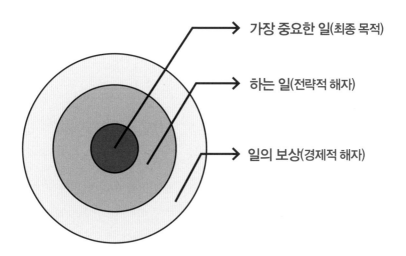

성(최종 목적)과 해자(최종 목적을 보호하는 일)

현재에 영향을 미치는
과거와 미래

　과거와 미래를 어떻게 보는지가 나의 현재에 영향을 미친다. 성과해자를 이미 만들었다고 가정해보자. 내 인생의 일정표를 과거, 현재, 미래로 나누지 말고, 나의 과거가 현재를 어떻게 만들고, 현재가 미래를 어떻게 만들며, 미래의 비전이 나의 현재를 어떻게 만드는지 생각해보라. 최종 목적은 과거, 현재 그리고 미래가 모이는 곳에 있다. 그곳에서 나의 자율성, 일관성, 여유 시간에 대변혁을 일으킬 수 있다.

　오늘의 나는 이미 어제의 최종 목적에 있다. 현재 경험하는 모든 것

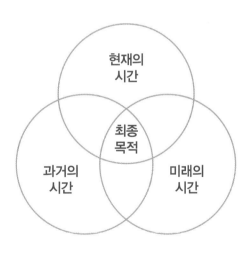

최종 목적과 과거, 현재, 미래의 관계

은 좋든 나쁘든, 과거의 환경과 선택이 만들어낸 것이다. 현재 당신이 삶을 사는 방식이 미래를 가져온다.

과거의 시간

10년 전 나의 삶을 생각해보자.

당신은 누구인가? 어디에 살고 있나? 나이는 몇 살인가? 목표는 무엇인가? 얼마를 벌고 있는가? 무엇을 즐기는가? 삶에서 가장 중요한 사람은 누구인가? 업무를 위해 무엇을 하는가? 어떤 프로젝트를 하고 있는가? 건강은 어떠한가?

현재의 시간

보통의 경우, 당신은 10년 전과는 전혀 다른 사람이다. 경험, 선택, 삶, 그리고 상황은 좋든 나쁘든 내가 상상했던 것과는 다르게 펼쳐졌다. 오늘, 당신은 다른 상황과 다른 환경에서 생활하고 있을 것이다. 나는 과거의 시간으로 만들어졌고, 현재의 시간이 만든 결과이며, 미래의 시간을 계획한다. 당신의 오늘은 10년 전 상상했던 미래인가?

미래의 시간

만약 자신의 현재가 과거와 다르다면, 앞으로 10년을 계획하고 기다리는 것이 얼마나 효과적일지 생각해보자. 만약 1~2년 안에 최종 목표를 실현하기 시작한다면, 10년 안에 내가 원하는 미래를 만들 확률은 얼마나 높아질까? 만약 생각과 계획, 행동을 조금 바꿔서, 나에게 도움이 되겠다고 생각했지만 사실 날 가로막고 있는 수많은 불필요한 단계를 피할 수 있다면 어떨까? 만약 먼 미래에 있는 꿈의 청사진을 1~2년 안에 이룰 수 있다면, 6개월, 6일, 혹은 지금 당장 이룰 수 없다고 말할 사람이 있을까?

"결심한 순간이 곧 최고의 타이밍이다."

시간이 어디에서 오는지, 미래에 시간으로 무엇을 하고 싶은지 깨달았다면 지금 당장 실행하자. 그것으로 더 많은 시간을 위한 공간을 만들자.

일상과 일을 정돈하는 방법

라셀 자비스는 24시간, 일주일 내내 밤을 새우며 일하고 자신을 전부 갈아 넣는 것이 미덕인 업계에 있다. 그녀는 산만함에서 벗어나 시간을 되찾고 싶어 했고, 자신과 가족에게 더 많은 자유와 유연함을 줄 사업 모델을 찾고 있었다.

그녀는 부동산 투자 고객을 위해 준비한 방대한 종류의 아이디어를 들고 나를 찾아와 가치가 제일 높은 것에 집중하고 싶다고 말했고, 나는 고객이 원하는 것을 알고 싶다면 고객에게 물어보는 게 가장 빠르다고 답했다. 그리고 자신이 원하지 않는 모든 것을 'EDO(제거, 위임, 외주화)'하고, 좋아하고 원하는 일에 집중해 시간의 자유를 되찾는 방법, 자신의 우선순위에 맞춰 업무를 배치하는 방법을 알려주었다.

"고객들이 무엇을 원하는지 알아냈어요." 라셀이 설명했다.

라셀은 'EDO'로 업무 과정을 설계했다. 이 방법으로 파트너십을 바꿔야 회사의 규모를 늘리고 성장을 뒷받침할 수 있음을 알게 됐다. 변화를 만들고 싶다는 열정이 있었고, 사랑, 가치, 믿음으로 이끌면 가족을 중심으로 성공을 만들 수 있다고 생각했다. 현재 라셀은 고객이 원하는 것을 사업에 적용하고 절차로 만들어 가치를 제공한다. 그리고 비용은 선불로 받고 추가금도 청구한다.

이제 라셀은 자신의 시간을 좋아하는 장소에서 공개 연설을 하는 데 쓴다. 사람들과 직접 얼굴을 마주하면서 인간적으로 접촉하는 방법을 가르치고, 내년에는 사업 규모를 3배로 늘려 전국 부동산 업계에서 힘을 키워갈 계획이다. 사업 모델을 바꾸고 1년도 지나지 않아 꿈꿔왔던 대로 애리조나 사막에서 캘리포니아의 해안으로 이사했다. 라셀이 말했다. "우리는 현재를 살거든요!"

사람들에게 원하는 것을 묻고, 거기에 딱 맞춰서 상품을 제공할 때 '통상적인 방식의 판매'는 사라진다. 사람들은 그 상품을 구매할 수 있는지, 그리고 자신이 지불할 능력이 있는지만 알고 싶어 한다. 라셀은 고객이 가장 원하는 것과 자신이 가장 원하는 것을 모두 찾아 각자에게 최적화된 새로운 솔루션을 만들었다. 하지만 그녀가 스스로 선택한 성 주변을 먼저 정리하지 않았다면, 새로운 사업을 시작해도 여전히 시간의 함정에 빠져있었을 것이다.

당신도 가족을 삶의 중심에 놓고 업무로 가족을 보호하는 구조를 만들 수 있다. 업무를 가운데 놓고 삶과 가족을 주변에 두는 구조와는 반대다. 바닥의 면적이 줄어들면 삶 전체가 산산이 조각날 수 있다.

오늘에 시간을 투자하는 전략

나의 일이 삶과 주변을 나아지게 한다면 오늘 시간을 어떻게 투자해야 할까? 많은 사람들이 직업, 회사, 파트너십을 바꿔보지만, 시간을 낭비하는 바쁜 생활로 되돌아갈 뿐이다. 전략 없이 돌격하기만 하면 불안만 불러온다. 미래를 바꾸고 싶다면 과거를 반복하지 말자.

내가 원하지 않는 생활 방식을 가진 사람을 따라 해봤자 원하는 삶을 얻을 수는 없다. 내 환경이나 우선순위가 다른 사람과 같을 수 없다. 누구를 따를지는 스스로 의식해서 결정해야 한다.

시간 장악에서 유연함의 원칙은 삶의 가운데에 무엇을 놓든 작동하는 순간 그것이 삶의 중심이 되게 한다. 나의 위치와는 상관없다. 봉사, 사업, 스포츠, 스타트업, 투자, 교육, 예술, 신앙, 건강, 가족, 여행, 기부, 놀이 등 원하는 것이 무엇이든 열매를 맺을 수 있게 해, 당신이 주도적으로 선택한 모든 일에 더 많은 시간을 쓸 수 있게 한다.

성은 내가 사는(원하는) 곳이다. 해자는 내 우선순위의 중심과 예상 밖의 위협 사이에서 반응하고 대응할 수 있도록 해 안도감을 준다.

유연한 시간에 있는 나의 표적은 삶의 궤적에 큰 영향을 미쳐 문제를 역동적으로 해결할 수 있게 한다. 시간을 장악하는 사람들은 미래의 해결책에서 필연적으로 생기는 미래의 문제들을 해결한다. 차별화된 생각으로 현재에 공간과 시간을 창조해 미래를 확장하는 방법이다.

· · · · · · ·

지금까지 우리가 한 일이다.

목적 → 우선순위 → 프로젝트 → 목적 지향적 자세

구체적으로 다음과 같다.

4가지 목적 : 내가 생각하는 성공의 모습을 최종 목적으로 정했다.

4가지 우선순위 : 그 성공을 지지하는 데 시간을 사용하기로 정했다.

4가지 프로젝트 : 지금 우선순위에 맞춰 살기로 정하고, 그에 맞춰 실천한다.

목적 지향적 자세 : 목적을 첫 번째로 놓고 그것을 보호하기 위해 우선순위를 만드는 일의 중요성을 배웠다. 반드시 성을 짓고, 그다음 해자를 파야 한다. (반대로 해서는 안 된다.)

이제 어떻게 현재 내 삶과 업무에서 불필요한 것들을 치우고 성을 짓기 위한 공간을 창조할지 전략을 세우자. 성은 개인적이고 직업적인 결심이 선순환하여 서로를 지탱하는 장소다.

시간 장악의 기술을 삶에 통합해주는 도구

EDO는 '제거Eliminate, 위임Delegate, 외주화Outsource'를 뜻한다. EDO는 시간 장악의 기술을 업무와 일상에 통합해주는 도구로, 당장 업무를 완성하는 방법과 나의 목표를 효과적으로 이루기 위한 차별화된 방법을 철저히 따져보게 한다. 그리고 신뢰와 생산성이 높은 환경을 나에게 맞춤형으로 설계해 우선순위에 따라 살도록 돕는다.

EDO로 시간을 자유롭게 할 때 주의해야 할 것이 있다. 사람들과 협업하거나 기존의 자원을 다른 방식으로 활용할 때 원하지 않는 새로운 일이 생기지 않도록 주의하자. 나쁜 직업을 나쁜 직업으로 바꾸고 나쁜 상관을 나쁜 상관으로 바꿔봤자 원하는 것은 얻을 수 없다. 코비가 가르친 "결과를 염두에 두고 시작하라"라는 말은 수단을 염두에 두고 시작하라는 뜻이 아니다.

업무와 삶의 중요한 프로젝트를 만드는 데 드는 엄청난 시간, 비용, 골치를 줄여주는 두 가지 원칙을 소개한다.

- 수단이 아닌 결과로 시작한다.
- 방법이 아닌 결과를 위임한다.

결과를 생각한 다음 방법을 설계하라. 모든 것을 하나하나 지시하는 관리인이 되고 싶지 않다면 타인에게 요청한 업무에 일일이 참견하지 말자. 시간을 장악하는 사람들은 목적과 수단의 차이를 구분해 영향력이 큰 지점으로 들어간다. 먼저 영향력이 큰 지점에서 성공한 뒤, 다른 사람도 영향력이 큰 영역에서 성공하도록 도울 때 마법 같은 일이 일어난다. 수단을 결과나 시작으로 착각하지 말자.

시간을 장악하는 사람들은 '강제 기능' 혹은 '행동 형성 제약'을 도입해 목적에 부합하는 결정을 지금 내린다.

'강제 기능'이란 의도한 대로 행동하고 성취하도록 강제하는 상황을 자신에게 제공하는 것으로, 하고 싶은 행동을 해야만 하는 행동으로 바꿔주는 것이다. 당신이 스마트폰을 나와 멀리 떨어진 곳에 둔다면 스마트폰이 옆에 없는 상황이 당신이 의도한 것을 할 수 있도록 강요한다. 스마트폰을 할 시간에 당신이 진짜 원하는 것을 할 수 있다. '행동 형성 제약'은 최종 목적에 도달할 수 있도록 행동을 긍정적으로 강화하는 것이다.

이렇게 내린 결정으로 더 밝은 미래를 위한 선택지를 늘리고(성을 만든다), 목적에 부합하지 않는 결정은 내리지 않는다(해자를 판다).

시간을 되찾기 위한 EDO 목록 만들기

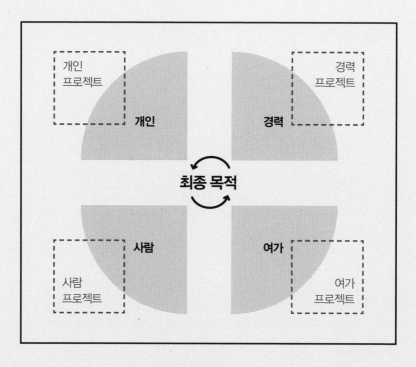

'성' 짓기

EDO 접근법은 내 삶을 정돈하고 시간을 되찾는 데 도움을 준다. 구체적으로는 다음과 같다.

EDO는 현재 내가 세상에 어떻게 보이는지 아는 데서 시작한다. 그 다음 세상에 어떻게 보이고 싶은지를 깨닫고, 그 목적을 달성하는 길을 찾아가는 것이다.

EDO의 목표는 긍정적인 강제 기능을 설계해 다양한 우선순위가 매끄럽게 녹아든 삶을 이루는 것이다. 여기서 소개하는 작업 계획표를 사용해서 EDO 목록을 만들어보자. 우선 빈 종이 한 장을 세로로 반 접는다.

1. 왼쪽 면에 적어야 할 것

아침에 일어나서 잠들기 직전까지 하는 일을 모두 적는다. 하루에 한정해서 적을 필요는 없다. 쓰레기를 버리는 일부터 아기 기저귀를 가는 일, 아이를 학교에 데려다주는 일이나 운동, 취미, 스포츠, 프로젝트를 진행하고 직장에서 책임지는 모든 일, 그리고 재미로 하는 모든 일까지 적으면 된다. 일상적으로 한다고 생각하는 일을 전부 적는다.

이것이 현재 내가 세상에 보이는 방식이다. 과거나 꿈은 우리의 삶을 만들지만, 현재 우리가 하는 일이 현재 우리가 보이는 방식을 만든다.

일상적으로 하는 일을 여기에 쓰자.

---

2. 다음 단계

왼쪽 면에 적은 것 중 내가 좋아하거나 하고 싶은 몇 가지 일에만 동그라미를 친다. 많은 일에 책임을 지고 있더라도 나를 이끄는 것은 내가 좋아하고 원하는 일들이다.

3. 오른쪽 면에 적어야 할 것

종이의 오른쪽 면에 좋아하고, 하고 싶다고 동그라미 친 일들을 적는다.

현재 하는 일 중에 좋아하고, 원하는 일을 적어보자.

4. 업무와 삶의 균형 목록

종이의 왼쪽 면에 적은 모든 일은 나를 나로 만들고, 나만이 할 수 있다고 느끼는 일들이다. 여기에는 내가 좋아하는 일도 있고, 좋아하지 않는 일도 있다. 비교해보면, 오른쪽 면에 있는 내가 좋아하고 원하는 일들과 균형이 맞지 않는다. 삶은 하고 싶지 않을 일들로 가득하다.

내가 해야만 하거나 잘하는 일이 아닌 좋아하고 원하는 일을 분류하면, 나의 시간에 유의미한 차이를 만든다. 좋아하거나 원하는 일이 아닌데 꼭 해야 할 필요도 못 느낀다면 그 일은 미루게 된다. 어떤 일을 반드시 해야 한다고 생각하지만, 끝낼 방법이 생각나지 않는다면 답답한 상황이 생기고 시간을 낭비하게 될 것이다. 내가 잘하는 것, 나의 강점이 중요하다.

잘하는 일이 내가 좋아하고 원하는 일은 아니다. 내 강점을 찾거나 성격검사를 받아보는 것도 나를 이해하고 활용하는 데 도움이 되지만, 이것은 내가 노하우를 알고 있는 일만 하도록 부추기고 창의성, 진정성, 변화로부터 멀어지게 만들어 성장을 막는다.

예를 들어, 벽돌을 잘 쌓는 벽돌공에게 "건축가가 되면 강점과 개성을 살리지 못하니 하면 안 된다"라고 말하는 것과 같다. 그래서는 안 된다. 전통적인 시간관리를 따르면 더 효율적이고 빠른 벽돌공이 될 뿐 건축가가 될 수는 없다. 만약 벽돌을 잘 쌓더라도 원하는 일이 아니라면 완전히 무시할 수도 있다. 우리는 무엇이든 원하는 일을 할 수 있다. 과거가 아닌 내가 생각하는 나의 미래가 나를 정의한다.

5. 삶의 균형 만들기

원하지 않는 일을 내가 직접 하지 않고도 품질과 진정성을 유지할 방법을 찾았다고 상상해보자. 어떤 상황이 벌어질까?

하고 싶지 않은 모든 일이 처리되면, 종이 왼쪽 면에 남은 것(내가 하는 모든 일)은 오른쪽 면에 있는 것(내가 하고 싶은 모든 일)과 일치하게 된다. 이런 방법으로 삶이 균형을 이룬다.

이 사고방식은 허무맹랑하게 들리지만 그렇지 않다. 모든 것이 한 번에 이루어지지 않더라도 이 과정에서 다르게 생각하고 실천하는 기술을 배울 수 있다. 양쪽이 균형을 이루려면 어떻게 해야 할까? EDO(제거, 위임, 외주화) 할 수 있는 모든 일이 나에게 시간을 되찾게 해준다.

'파레토의 원칙'을 적용하면 내가 좋아하고 원하는 일은 20% 정도고 좋아하지도, 원하지도 않는 일은 80% 정도다. 그렇다면 원하지 않는 일을 EDO 하면 이론적으로 80%의 시간을 돌려받을 수 있다. (신경 쓰는 시간도 줄어든다.) 이것이 바로 시간 장악이다.

6. 내가 원하는 방향으로 삶을 불균형하게 만들자

시간의 80%가 남고 나머지 20%는 내가 좋아하고 원하는 일만 한다면 어떤가? 80%의 시간을 그대로 열어두고, 내가 좋아하는 20%의 일을 두 배로 늘릴까 아니면 새로운 아이디어, 프로젝트, 꿈으로 채우면 될까?

나의 시간을 능동적으로 자유롭게 한다는 이 개념은 낯설게 들릴 수도 있다. 물론 모든 상황은 다르고 적용할 수 있는 범위도 다양하다. 하지만 시간을 장악하는 사람들은 이 절차를 사용해 잡다한 일을 치우고, 자신의 경력과 개인적인 꿈에 집중할 시간을 만든다.

이제 당신의 차례다. 나의 할 일을 분류하자.

7. EDO : 제거Eliminate

왼쪽 면에 있는 목록을 다시 보고 자신에게 물어보자. "선을 그어 없앨 수 있는 게 뭐가 있을까?" 그리고 그 옆에 '제거Eliminate'의 E를 적어놓자. 자신에게 물어보자. "정말로 안 해도 될까?" 누구에게도 부정적인 영향을 미치지 않는다면 해야 할 목록에서 제거한다. 생각보다 많다.

무엇을 제거했는지 적어보자.

8. EDO : 위임Delegate

목록을 다시 훑어보고 자신에게 물어보자. "위임할 수 있는 일은 뭐가 있을까?" 그리고 그 옆에 '위임Delegate'의 D를 적는다. 누구에게, 어떻게 맡길지는 당장 몰라도 된다. 그냥 위임하고 싶은 일을 분류해보자. 여기서 위임은 타인에게 돈을 주고 맡기는 것이 아니다. 직장 혹은 집에서 역할의 이관, 조정, 전환이다. 이 일을 좋아하고 원하는 사람이 있지 않을까?

무엇을 위임했는지 적어보자.

---

9. EDO : 외주화 Outsource

목록을 보고 생각해보자. "외주화할 수 있는 일은 뭐가 있을까?" 그리고 그 옆에 '외주화 Outsource'의 O를 적는다. 외주화는 타인에게 돈을 주고 일을 맡기는 것이다. 마당의 잔디를 직접 다듬고 싶지 않거나, 옷을 드라이클리닝 해야 하거나, 회계사를 고용하거나, 돈을 주고 웹사이트를 만들어야 하거나, 프로젝트를 함께 할 파트너가 필요하거나 등등이다.

무엇을 외주화했는지 적어보자.

　종이의 왼쪽 면에 적은 모든 일 중에서 내가 하고 싶은 것을 제외한 모든 일을 EDO 했다고 가정해보자. 이 경우에 종이 양쪽에 있는 '내가 해야 할 일'과 '내가 원하는 일'이 완벽한 균형을 이룬다. 하고 싶지 않은 일을 할 때 성격이 형성된다는 말이 있는데, 이것이 그중 하나다. 때로는 내가 가장 하고 싶은 일이 가장 어려운 일이 된다.

　먼저 우선순위를 적어보자. 그것이 당신의 균형 잡힌 삶의 목록이다. 종이의 양쪽이 균형을 이뤘다. 잘못된 방향으로 향하는 불균형한 목록보다 나아 보인다. 앞에 있는 종이를 보고 내가 원하는 방향으로 나아가는 삶을 상상해보자. 이제 이렇게 말할 것이다.

　"와, 이제 시간이 80% 더 생겼네, 이 시간에 뭘 해야 할까?"

EDO를 내 삶에 적용하는 방법

EDO의 목적은 내 삶을 우선순위에 따라 정돈하는 데 있다. 삶에 새로운 직업, 해야 할 일 혹은 프로젝트가 생기면 내가 좋아하고, 하고 싶은 일인지 자신에게 물어보자.

맞다면 또 묻는다. 그 일은 당신의 4가지 목적과 우선순위에 바탕을 둔 삶에 가까워지는 일인가 아니면 멀어지게 하는 일인가? 자신이 추구하길 원하거나 필요한 일이라면, 내가 하고 싶은 일인지 아니면 EDO할 일인지 생각해보자.

· · · · · · ·

'성'은 나의 목표와 관심에 부합하는 내가 좋아하고 원하는 일들을 바탕으로 한다. 성 주변의 '해자'는 EDO의 힘을 이용해 구축한다. EDO 사고방식이 생활 속에서 능동적으로 작동하면 모든 것이 바뀐다. 내가 할 일을 정리하고 수많은 시간을 자유롭게 하는 방법이 궁금했다면, 이제 알게 되었다.

'나의 성'을 지키는 것을 기준으로 하면 나의 시간을 되찾고, 일하는 방식이 바뀌고, 삶의 질이 높아진다. 매일 내가 좋아하고 원하는 일만 하면서도, 해야 할 모든 일을 완료할 수 있다고 상상해보자. 원하는

E.D.O.

제거ELIMINATE | 위임DELEGATE | 외주화OUTSOURCE

매일 하는 일 | 매일 하고 싶은 일

모든 일을 할 수 있는 아주 많은 시간이 생긴다. 원한다면 현재와 다른 미래를 설계할 수 있다.

삶은 의도하지 않아도 변한다. 그래서 내가 살고 싶은 상상 속의 성을 만드는 편이 낫다. 성은 독창적이고, 혁신적이며, 내가 좋아하고, 원하는 새로운 프로젝트를 할 수 있는 곳이다. 가장 관심 있는 분야를 바탕으로 내가 좋아하고 원하는 일로 성을 짓는 일부터 시작해보자. 성 짓기는 우리에게 목표와 유연함을 선사한다.

그다음, 3가지 실천 도구로 일과 삶 정돈하기

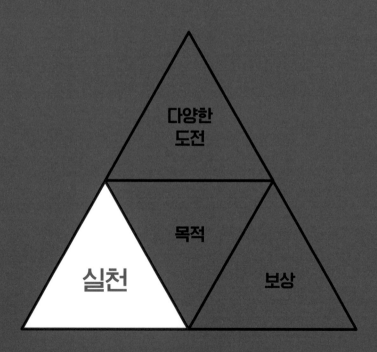

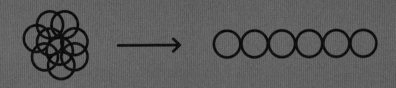

혼란에서 실천으로 나아가기

프로젝트 겹치기

04

시간이 나를 위해
일하게 하는 법

: 프로젝트 겹치기

그대가 죽었다고 생각하라, 현재 시각 이후로 삶이 끝났다고
생각하라, 나머지는 그대에게 허락된 자연에 따라 살라.

마르쿠스 아우렐리우스 Marcus Aurelius, **로마제국 16대 황제이자 후기**
스토아학파 철학자

벤 윌슨은 자유의 꿈을 이루기 위해 미국으로 왔다. 그는 사업가가
됐고, 사업이 성장할 때마다 책임감도 커져 하루에 18시간씩 일했다.
처음에는 일이 일처럼 느껴지지 않았지만 상황은 빠르게 변했다. 고
객이 늘면서 문제가 증가했고, 그 문제에 자신이 압도됐다. 우울한 감
정이 심해져서 삶의 가장 어두운 순간으로 빠져들었다. 더는 사업을
하고 싶지 않을 때, 벤은 시간 장악의 즐거움을 배워 삶에서 구축한
기존의 패턴을 깨버렸다.

"행복해지고 싶었습니다. 아침에 눈을 떴을 때 타인의 사업을 돕고 있다는 기분이 들기를 바랐고, 기업가 정신으로 무장한 승리자가 되고 싶었어요. 저는 사업을 구축하는 데 시간을 어떻게 써야 하는지 다시 생각하는 법을 배웠습니다."

무엇이 시곗바늘을 움직이는지 찾아내는 법, 그리고 시간을 좀먹는 활동을 피하는 법도 배웠다. 마음가짐이 바뀌자 행복해졌다. 이제 그는 운동을 하고, 글을 쓰고, 강아지와 놀고, 산책을 오래 하고, 아내와 의미 있게 보낼 시간이 생겼다.

벤은 '프로젝트 겹치기'의 힘을 깨달았다. '프로젝트 겹치기'란 자신의 다양한 목적 프로젝트를 합쳐 한 장소에서 실행하는 것이다. 벤은 이 방식으로 업무와 삶의 다른 측면에도 여러 바람직한 결과를 얻게 됐다.

이제 벤은 하루에 18시간씩 일하지 않는다. 하루에 최대 7~8시간 동안 일하고 5~10배 이상의 결과물을 낸다. 문제들을 철저히 따져볼 시간이 생겼고, 삶에서 이루고 싶은 목표로 가는 길을 확실히 깨달았다. 예전의 벤이라면 그 꿈을 이루기 위해서 10년은 기다려야 한다고 생각했을 것이다.

• • • • • •

벤처럼 시간을 장악한 사람들은 업무와 삶의 자율성을 만들기 위해 내가 '프로젝트 겹치기, 업무 동기화, 전문가 고용'이라고 부르는 방식을 강력하게 조합해 활용한다. 이 세 가지 도구를 최종 목적을 감싸는 전략적 해자로 활용하면 나의 여유 시간을 확장하고 보호할 수 있다. 즉, 이 세 가지로 일을 진행하면 시간의 자유를 반복적으로(전략적 해자) 그리고 지속가능한 상태(성)로 만들 수 있다.

직업이 같은 두 사람의 생활이 전혀 달라 보인다면, 두 사람은 어떻게 다른 개인 생활을 꾸려나가는 걸까? 세 가지 방식에서 차이가 난다.

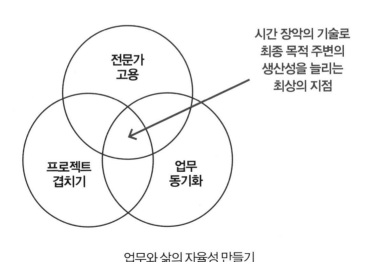

업무와 삶의 자율성 만들기

우선순위 : 시간관리가 아니라, 나의 우선순위에 따라 집중할 때 좋
은 일이 생긴다.

실천 : 우리의 목표로 직업을 정하면 꿈은 악몽이 된다.

보상 : 돈 버는 방법이 자율성을 결정한다. 나를 자유롭게 하는 일
이 곧 꿈의 직업이다.

전략적 해자 만들기

이상적인 삶의 방식 주위로 전략적 해자를 만들어야 한다. 다음은
시간 장악을 생활 방식으로 자리 잡도록 하기 위한 시간 장악 프로젝
트의 정의다.

시간 장악
프로젝트의 정의

프로젝트는 기한 내에만 한다. 기한은 프로젝트에 아주 중요한 요소다. 그런데 프로젝트 관리자들은 너무 자주 자원의 공유나 프로젝트 사이의 상호작용은 고려하지 않고 프로젝트 일정을 정한다.

전통적인 시간관리에 바탕을 둔 프로젝트 관리는 프로젝트의 의도나 혹은 최종 결과를 얻기까지, 실행 과정에서 생기는 원인과 결과는 고려하지 않고 정해진 대로만 실행하기로 악명이 높다. 자주, 가끔은 의도적으로, 몇 달이면 끝낼 수 있는 일을 몇 년씩 걸리게 만들고, 심지어 전혀 쓸모없는 일을 하게 만들기도 한다. 영원히 끝나지 않는 업무로 '직업 안정성'을 보장하는 것이다.

(업무 동기화, 전문가 고용과 함께 하는) 프로젝트 겹치기

'적절한 우선순위 합치기'를 함께 사용하면 다수의 프로젝트를 동시에 완료할 수 있다.

우선순위 합치기

우선순위를 발견하고, 설계하는 기술이다. 하나의 일관된 활동으로 높은 가치의 결과물을 다수 만들 수 있다.

프로젝트 겹치기

2가지 이상의 프로젝트에서 내부 네트워크를 발견하고 연결하는 기술이다. 시간과 돈을 중복으로 소모하지 않고, 하나의 일관된 활동으로 수행한다.

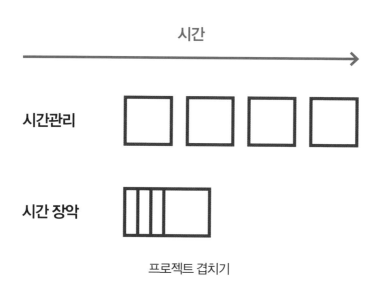

프로젝트 겹치기

프로젝트 겹치기는 다음과 같다.

마치 도미노 하나가 쓰러지면서 나머지도 모두 넘어가듯이, 프로젝트 겹치기는 하나의 일을 잘해서 다양한 일을 훌륭하게 완수하는 활동이다.

수천 가지 일을 해내는
한 가지 결정

프로젝트 겹치기는 한 방향을 보며 나아가는 직선적 사고와 문제를 해결하기 위해 상상력을 발휘하고 새로운 방식을 시도하는 수평적 사고를 모두 사용해 두 개 이상의 시간에 복합적인 효과를 만든다.

하나의 초월적 결정은 삶의 중심에 충격을 줘서, 연못에 돌을 던진 것처럼 시간이 원형으로 확장된다. 반면, 일반적인 시간관리에 몰두하는 직선적인 사고는 주변을 살필 수 없게 해 방향 감각을 잃게 한다. 프로젝트 겹치기를 통해 결심하고, 성취를 향해 진심으로 접근하면 우선순위를 주변이 아닌 앞과 가운데에 오게 만들어 바로 행동하게 한다.

> 한 가지 일을 하면서
> 백 가지 결정을 내리지 마라.

이 말은 《좋은 기업을 넘어 위대한 기업으로》의 작가 짐 콜린스Jim Collins가 한 말로, 전설적인 임원 코치 피터 드러커Peter Drucker에게 이 교훈을 배웠다고 한다. 드러커가 보기에 우리는 진정으로 독특한 결정을 한 번에 내릴 일은 거의 없다. 그리고 모든 좋은 결정에는 논쟁과 토론, 반영할 시간, 집중력이 필요하다. 또 탁월하고 완벽하게 실행하려면 에너지가 소비된다. 그래서 이 간접비용을 고려하면, 멀리서 바라보고 여러 특정 상황에 적용할 수 있는 몇 가지 결정을 내려서 그 안의 패턴을 찾는 게 훨씬 낫다. 요컨대, 혼돈에서 개념을 잡는 일이다.

이것은 워런 버핏이 투자할 때 결정하는 방식과 유사한 사고방식이다. 버핏은 방대한 가능성을 주변에 떠도는 잡음으로 간주해 무시하는 방법을 배웠다. 대신 그는 몇 가지 큰 결정을 내렸다. 평범한 기업을 아주 싼 가격에 사지 않고, 수익을 기계처럼 찍어내는 기업을 좋은 가격에 사는 방식이었다. 그리고 이 포괄적인 결정을 계속 되풀이

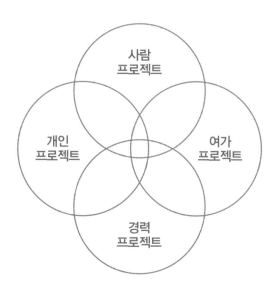

우선순위 프로젝트 쌓기

했다. 드러커가 보기에는 "아무것도 하지 않는 것도 아주 영리한 행동이다"라는 버핏의 관점을 완벽하게 이해한 사람이 일관된 개념 없이 100가지 결정을 내리는 사람보다 훨씬 효율적이다.

프로젝트를 겹치면 하나의 결정으로 여러 우선순위에 걸쳐져 있는 수천 가지의 일을 해낼 수 있다. 최종적으로, 삶의 우선순위를 각각 독립적으로 유지하는 대신 합치는 일이 가능해진다. 목표의 우선순위를 전체적으로 보게 한다. 한 번에 한 가지 일만 처리하는 직선적인 사고는 시간을 잡아먹어 여러 상황에서 적절하지 않다.

프로젝트 겹치기는 멀티태스킹이 아니다

프로젝트 겹치기는 다음과 같다.

한 가지 일로 여러 가지 일을 완성한다.

업무와 삶을 통합해 이상을 타협하지 않아도 된다.

직장에서 여러 높은 가치의 목표를 달성하는 동시에, 가정이나 다른 곳에서도 소중한 여유 시간을 풍부하게 만든다.

프로젝트들을 시작하고, 늘리고, 능률화하도록 돕는다.

프로젝트 겹치기는 멀티태스킹으로 만들 수 없는 교차 네트워크를 창조한다. 일론 머스크Elon Musk가 설립한 3개의 기업 테슬라, 스페이스X, 솔라시티는 프로젝트 겹치기의 잘 알려진 예다. 얼핏 보기에 이 기업들은 독립적이고 서로 연관이 없는 것처럼 보이지만, 자세히 보면 3개의 프로젝트가 서로 의존하며 작동한다는 것을 알 수 있다.

머스크는 "세 개의 기업을 상호 연결된 네트워크로 보고, 삼각대의 다리처럼 서로 보완하길 원한다"라고 설명했다. 이 기업들은 머스크의 하나의 비전 아래 기술을 공유하며 성장하고 있다. 하지만 프로젝트 겹치기를 위해 우리가 일론 머스크가 될 필요는 없다.

프로젝트를 겹치면 프로젝트들을 하나로 엮어, 더 큰 그림을 위한 과제를 완수할 수 있다. 이것이 가능한 이유는 목적에 부합하는 프로젝트들이 서로 조화를 이루기 때문이다. 하나의 성공은 다른 일의 성공에 기름을 붓는다. 하지만 한 프로젝트의 실패가 다른 프로젝트의 붕괴를 초래하지는 않는다. 상호의존적이지만, 종속적이지는 않기 때문이다. 프로젝트를 하나씩 따로 진행하는 대신, 3개를 겹쳐서 하면 더 효율적으로 시간을 아낄 수 있다. 각각을 합한 전체는 부분보다 위대하다.

프로젝트 겹치기를 올바로 사용하면, 우선순위가 낮은 일에 시간을 낭비하지 않고 높은 우선순위에 따라 살게 된다. 동시에 필요한 일은

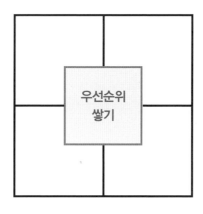

프로젝트 겹치기

EDO(제거, 위임, 외주화)로 그 역할을 다 할 수 있다. 그렇게 자유로워진 시간으로 하고 싶은 일만 하고, 원하는 일을 할 수 있는 남는 시간도 늘린다(물론, 아무것도 하지 않아도 된다).

새롭게 발견한 시간의 자유로 무엇을 할까? 야망이 있는 사람들은 목표에 사로잡힌다. 새로운 아이디어를 실험해도 되고, 타인을 도와도 되고, 가족 여행을 해도 된다. 현재 업무를 더 생산적으로 만들거나 새로운 프로젝트를 만들어도 된다. 더 많은 선택의 자유는 새로운 문제를 제시한다. 선택지가 아주 많다면 무엇을 해야 할까?

무엇을 하든, 그냥 선택하면 된다.

우리는 지금까지 최고의 우선순위로 실패 없이 선택할 수 있는 환경을 만들었다.

시간 장악의 관점으로 보면, 나의 우선순위를 포개(고립된 상태에서 교환하는 게 아니라) 프로젝트를 겹치고, 돈과 의미를 모두 만드는 일이 가능하다.

프로젝트 겹치기로
성공을 앞당기는 법

스티브 잡스는 프로젝트를 활용해 자신의 폭넓은 아이디어를 확장했다. 달톤 그룹Darton Group은 이렇게 썼다.

"잡스는 마케팅과 기술의 전문가로만 알려져 있지만, 그가 성공할 수 있었던 이유는 기업을 운영하고 제품을 출시하는 데 사용한 프로젝트에 바탕을 둔 사고방식 덕분이다. 잡스는 프로젝트를 실행해 업계뿐 아니라 우리가 사는 세상을 궁극적으로 변화시켰다."

이처럼, 프로젝트 겹치기는 실무자의 편에서 성공 확률을 높인다.
아이디어를 진행하고 싶다면 프로젝트를 시작하자. 프로젝트 겹치기는 성공을 앞당긴다. 여기 프로젝트 겹치기로 최종 목적에 따라 살면서 현재의 시간을 아끼고 미래의 시간을 만드는 세 가지 방법이 있다.

① 많은 일을 동시에 완성한다

프로젝트 겹치기가 올바로 실행되면, 업무에 과감하고 근본적인 변화를 일으켜 업무와 삶의 통합된 문제를 해결할 수 있다. 또 다양한 목표에 동시에 도달해 시간을 장악한다.

프로젝트 겹치기를 멀티태스킹과 혼동하지 말자. 프로젝트 겹치기는 나를 위한 다중 작업 프로젝트를 창조하는 기술로, 내가 직접 일하지 않아도 된다. 멀티태스킹은 대체로 집중력을 분산하고, 개인이 다수의 역할을 해서 작업이 산만하고 느려진다. 프로젝트 겹치기는 공통분모를 중심으로 자원을 통합하고, 여러 측면의 결과를 혼란 없이 만들어 빠르게 목표를 이루고 집중력을 강화한다.

② 목표가 겹치는 곳에서 한다

당신의 최종 목적 프로젝트가 건강 챙기기, 배우자와 더 많은 시간 보내기, 매달 100만 원의 월급 외 수익 벌기, 자원봉사 하기라고 가정해보자. 다음 질문들을 해볼 수 있다.

- 어떻게 이 바람들을 겹칠 수 있을까?
- 4가지 목적을 모두 합치는 재미있는 방법이 없을까?
- 가족들과 여행을 떠나 하이킹을 하고, 함께 시간을 보내고, 봉사활동도 하면, 추가 수입을 만드는 데 힘이 되지 않을까?

- 간접적으로 돈을 벌 방법이 있고, 원할 때마다 실행할 수 있다면?
- 이 프로젝트를 통해 직접 돈을 벌 방법이 있다면?
- 이미 다른 기관에서 이 활동을 하고 있고, 서로의 과제를 맞물려 함께 할 수 있다면?

창의적인 사고 과정으로 프로젝트를 합치고, 자원을 공유해 시간을 아끼면 실용성과 수익성을 모두 챙길 수 있다. 하나의 질문, 하나의 아이디어, 한 번의 대화가 상황을 극적으로 변화시킨다.

③ 통합하는 해결책을 만든다

시간을 장악하는 사람들은 문제를 교환하는 해결책이 아니라 통합하는 해결책으로 미래의 문제들까지 해결한다. 모든 해결책은 문제를 만든다. 프로젝트를 겹칠 때, 협업을 예상하고 그 협업의 여파가 만들어내는 변화까지 생각해야 한다. 한 상자에서 빠져나와 굳이 다른 상자로 들어가는 방식의 업무를 하지 말자.

시간을 장악하는 사람들은 멀리 보고, 프로젝트 겹치기를 활용해 현재의 해결책이 불러오는 미래의 문제를 해결한다. 처음부터 있어서는 안 되는 문제들을 피함으로써 매일, 매주, 매년 시간을 아낀다.

의도된 시간 안에서 프로젝트를 겹치면 낡고 시간을 잡아먹는 절차에서 벗어나 전략적이고, 일관되며, 시간을 창조하는 자율성을 얻는다. 우선순위를 많이 겹칠수록 하나의 결정으로 나의 다양한 꿈, 우선순위, 목표, 그리고 삶의 방식에 모두 영향을 줄 수 있다.

완벽하게
준비된 때는 없다

만약 자신이 특히 일을 잘 미루거나, 중요하지도 않은 일을 너무 빨리 해치우거나, 완벽주의자라면 마감일을 잘 활용하자. 꿈의 큰 그림이 후회로 깨지는 고통은 사기를 떨어뜨린다. 미래에 후회할 일을 오늘 긴급히 해야 하는 일로 바꾸는 결정은 내가 내리는 것이다.

이럴 때, 프로젝트 겹치기는 새로운 현실을 사실적으로 보여줘 미루거나, 너무 빨리 해치우거나, 완벽주의가 되는 것을 줄여준다. 평생의 업무가 평생의 꿈을 중심으로 돌아갈 때 더 생산적이며, 자율성과 유연함도 늘어나고, 편안해진다.

역설적으로 시간을 효율적으로 사용해 자유 시간을 더 많이 사용할 수 있게 되면 자신을 미루는 사람이라고 생각하게 된다. 또, 일을 너무 빨리 해치운 다음 시간을 낭비하면서 소란을 떨고 싶은 유혹에 빠지거나, 가장 중요한 역할과 목표를 회피하면서 "완벽주의자라 그렇다"라고 말하게 된다. 그럴 때 다음을 기억하자.

미루는 버릇은 충동 때문에 생긴다.

너무 빨리 해치우는 버릇은 걱정 때문에 생긴다.

완벽주의는 회피할 때 생긴다.

미루기

높은 우선순위에 따라 삶을 사는 대신 낮은 우선순위를 실행하는 충동을 버려라. 메인 코스 대신 빵으로 배를 채우는 셈이다. 미루기를 나에게 유리하게 사용하라. 기억하자. 마감이 코앞에 닥친 사람보다 생산적인 사람은 없다.

너무 빨리 해치우기

생산적으로 보이기 위해 생산적인 척하지 말자. 중요하지 않은 일을 하고 있으면 중요한 일을 할 시간이 없어진다. 역설적으로, 중요한 일을 먼저 할 때 원하는 모든 일을 할 시간이 생긴다. '생산성의 폭포 효과'로 활기를 되찾자. 중요한 일을 먼저 하면, 산꼭대기에 쏟은 물이 전체로 퍼지는 것처럼 높은 생산성을 유지할 수 있게 된다.

완벽주의

사람들은 종종 미루게 되는 이유를 완벽주의 때문이라고 탓한다. 하지만 완벽주의는 목표가 다르다. 완벽주의자들은 모든 일이 완벽하기를 바란다. 결국, 완벽주의자들은 시간과 집중력이 많이 필요한 큰 그림에 포함된 일을 미루고, 당장에 자신이 잘할 수 있고 실패할 위험이 낮은 활동을 선택한다. 덜 중요한 일을 하는 함정에 갇힌다. 꿈을 완벽하게 실현할 수 없다고 여기고, 대신 지금 잘할 수 있는 쉬운 일을 한다. 하지만 모든 일은 완벽하게 할 수 없다. 완벽이란 언제나 수리 중이기 때문이다. 완벽주의는 당신이 시간을 더 낭비하게 한다.

그래서 완벽주의자보다 불완전주의자에게 시도할 기회가 더 많아지고 더 '완벽'해지는 것이다. 완벽은 불완전에서 태어난다. 프로젝트 겹치기에서는 다양하게 도전해보는 것에 집중해 완성도를 높여야 한다.

준비가 과하면 평생 원하는 일을 하지 못한다. 왜 경험이 적은 사람들은 계속 경험이 적다고 탓할까? 과한 준비로 인한 실패의 원인 중 하나는 모호함을 두려워하고 확실함만을 찾기 때문이다. 스스로 감옥을 만드는 셈이다. 나의 가장 중요한 우선순위를 볼 때, 준비를 과하게 하면 평생 바라던 일을 시작조차 못 하게 된다. 삶에서 확실함의 반대는 자유다. 자유로워지고 싶다면 흔쾌히 삶을 불확실함으로 이끌자.

내가 정확히 알고 있다는 생각을 버리면, 무슨 일을 해야 할지 알게 된다.

프로젝트 겹치기는 내가 원하고, 하는 모든 일을 실행하는 아주 중요한 도미노다. 이제 첫 번째 도미노 뒤에 공간이 열려 있다고 생각해 보자. 아무것도 없으면 아무것도 쓰러지지 않는다. 이 공간을 열린 채로, 깨끗하고 여유롭게 유지해 올바른 즉흥성과 가능성을 위한 공간으로 쓰자. 삶은 내가 몰랐던 놀라운 일들을 모두 막고 살기에는 너무 짧고 섬세하다.

우선순위 프로젝트를 효과적이고, 효율적이고, 능률적으로 통합해야 내 아이디어가 더 잘 실행되고, 실험할 수 있으며, 증명된다. 프로젝트는 시작과 끝이 있다. 그래서 영원히 매달릴 필요가 없다는 것이 첫 번째 장점이다.

프로젝트 겹치기에서는 자신의 미래를 '만들기' 전에 맛볼 수 있다. 현재를 이상적으로 살고 그 상태가 마음에 들 경우, 그 상태를 두 배로 늘릴 수 있다. 혹은 꿈이 기대했던 것과 전혀 다르거나 막상 해보니 재미없다는 것을 깨닫고 명확히 잘못된 목표를 위해 수십 년 동안 일해야 하는 상황을 막아준다.

> ❝ 나의 모든 우선순위가 한 번에 조화를 이루는 것은
> 환상이 아니다. ❞

시기를 조율하는 과정을 지우자. 더는 기다리지 말자.

꿈을 지나치게 복잡하게 만들면 꿈 안에 발을 들였을 때 놀라운 감

정을 절대 느낄 수 없다. 그냥 들어가면 된다. 숨을 깊게 쉬고, 당신 앞에 있는 프로젝트를 시작하고 겹침으로써 무엇이 옳은지 단순하게 실험해보자. 업무와 삶을 분리하는 게 아니라 그 즐거움을 통합하는 것이 자연스러운 삶의 방식이다. 조직적인 시간관리는 나를 그런 삶에서 멀어지게 한다.

드웨인처럼 프로젝트 겹치기

프로젝트 겹치기의 유명한 예시 중 하나는 드웨인 존슨Dwayne Johnson이다. 그는 역대 가장 높은 출연료를 받은 배우 중 한 명이지만, 이게 다가 아니다. 드웨인은 자신의 관심사와 타인을 돕는 기회를 중심으로 여러 사업을 구축했다. 그가 SNS에서 공유하는 게시물은 자신의 프로젝트를 홍보하거나, 합치고, 동시에 연결하는 내용이 대다수다. 자신의 초월적 가치 아래 모든 것을 연결했다.

대체 누가 디즈니 영화, 테킬라, 운동복 브랜드, 에너지 음료, 운동화, 차기 영화, 프로덕션 스튜디오, 텔레비전 시리즈, 운동, 하와이에서 가족과 함께 보내는 시간을 모두 연관 지어 생각할 수 있을까? 이것들은 각각 연관성은 없지만, 드웨인의 방식으로 연결돼 있다. 그의 프로젝트들은 삶의 연장선에서 매끄럽게 연결되고, 겹쳐진다.

• • • • • • •

편협한 생각은 멈추자. 지금 하는 프로젝트를 생각해보자.

- 어떻게 프로젝트를 겹치면 두 배, 세 배, 백 배 이상 생산적일 수 있을까?
- 어떻게 해야 프로젝트를 공통분모로 겹치고 합칠 수 있을까?
- 지금 어떻게 해야 나중에 시간을 더 만들 수 있을까?

모든 일을 직접 하는 게 아니라, 알아서 돌아가게 만드는 것이 시간을 장악하는 사람들의 목표다.

우선순위로 프로젝트를 겹쳐 많은 목적 이루기

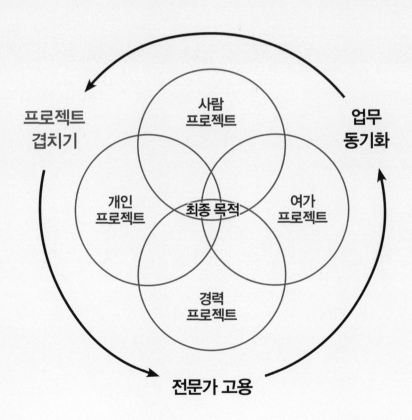

프로젝트 겹치기는 자원을 결합해 내 시간 주위에 '해자'를 만든다. 몇 년 뒤가 아닌 지금, 여기서 업무와 삶을 유연하게 만들고 최종 목적에 따라 살게 한다.

1. 프로젝트 겹치기 : 나의 최종 목적 프로젝트들을 살펴보자.

2. 현재 시간의 잡동사니 처리 : 이 목표를 달성하려면 어떤 과제들을 합쳐야 수많은 절차와 낭비하는 시간을 줄일 수 있을지 생각해본다. 개별적으로 완료할 업무들을 살펴보고, 하나로 합쳐서 한 번의 노력으로 많은 목표를 동시에 달성한다.

3. 미래 시간의 잡동사니 처리 : 이제 최종 목적 프로젝트 내부에서 직접 관찰하고 생각할 차례다. 일이 겹치는 부분은 어디인가? 어떤 노력을 합칠 수 있을까?

4. 최종 목적 프로젝트 겹치기 : 당신의 4가지 프로젝트(개인, 경력, 사람, 여가)로 각각 성과 해자 활동을 한다.

5. 겹치기 : 지금까지 해온 일들을 보자. 올바로 따라 했다면 목표를 성취하기까지 많은 단계를 줄이고 당장 해야 할 일을 결정했을

것이다. 나의 성에 토대를 마련하고, 꿈을 중심으로 전략 및 전술 해자를 구축하기 시작했다. 하기 싫은 일은 EDO(제거, 위임, 외주화)하고, 가장 잘하는 일에 유연하게 집중해보자.

한 번의 선택으로 여러 최종 목적의 결과에 의도적이고 긍정적인 영향을 줄 수 있도록, 해야 할 일을 합치자.

업무 동기화

05 ────────────────────────

업무와 삶을
정돈하는 법

: 업무 동기화하기

직업적인 삶, 개인적인 삶뿐만 아니라 삶 전체를 봐야 한다.
삶 전체의 모든 조각을 떼어내 연마해야 한다.

아이샤 에반스 Aicha Evans, **아마존 자회사 '죽스'의 CEO 겸 아마존 오토
메이션의 수장**

애리조나 북쪽 외딴곳을 날고 있던 2인용 프로펠러 비행기의 가스가 떨어졌다. 해는 져서 몇 분 뒤면 어두워질 것이다. 1940년대에 나의 할아버지와 할머니에게 일어난 일이다. 나의 할아버지와 할머니는 함께 자유분방하게 비행하는 것을 좋아하는 젊은 커플이었다. 이번 비행이 문제였다. 연료가 샜고, 착륙할 땅이 없었다. 나무들 사이로 착륙할 들판을 찾더라도 너무 어두워서 안전을 보장할 수 없었다. 두 사람은 멀리 홀로 있는 식당을 발견했고, 아이디어가 떠올랐다.

식당 손님들에게 무전을 보내, 비행기를 착륙시킬 수 있게 좁은 흙
길을 따라 자동차 헤드라이트를 비춰달라고 부탁하면 어떨까?

이 생각은 그대로 이루어졌다. 두 사람에게 이런 행운과 지혜가 없
었다면, 아마 지금쯤 나는 없었으리라.

때로 우리는 긴급한 상황이 닥치기 전까지 자신이 얼마나 지혜로
운지 잊고 산다. 우리의 우선순위와 함께 조화를 이루는 지혜는 일상
에서 과소평가 되어, 저녁 시간에 맞춰 안전하게 착륙할 수 있을 때도
종종 하늘을 맴돌며 연료를 바닥나게 만든다.

．．．．．．．

시간 ⟶

시간관리　　△○□　　△○□　　△○□

시간 장악　　△　　○　　□

업무 동기화

하루 종일 일하고도 아무것도 끝내지 못한 느낌을 받은 적이 있는가? 업무 동기화는 (A) 나의 집중력을 (B) 우선순위와 (C) 시기적절하게 동기화해 생산성을 만드는 기술이다. 자원이 풍부하더라도, 도구와 창의성을 활용해 언제, 어떻게 목표를 달성하는지에 따라 생산성에 차이가 생긴다.

좁은 흙길, 식당의 라디오, 차를 타고 온 손님들은 어둠 속에서 비행기를 착륙시키기 위한 목적으로 모인 자원들이 아니다. 하지만, 나의 할머니와 할아버지가 이 자원들에 의미를 부여하고 공통의 명분으로 합치자, '목적의식'이 생겼다.

목적에 의미와 간절한 바람을 더할 때 목적의식이 생긴다.
목적의식은 긍정적인 의지를 가진 삶, 그 이상의 의미를 준다.

목적의식을 가지고 하루를 보내면 일을 할 때 생각, 행동, 방향이 일치한다. 업무를 동기화하려면 관심, 집중, 일관성이 필요하다. 업무 동기화는 목적의식을 가진 자원들을 창의적으로 결합해 나의 우선순위 프로젝트를 완성한다.

내 꿈의 목적은 무엇인가?

업무 동기화는 꿈을 위한 과정에 처음부터 목적이 포함되게 해, 꿈과 그 과정을 목적과 일치시킨다.

일과 삶을 동기화하는 전략

당신은 배웠던 것을 일부러 잊거나, 배웠던 것을 다시 배우거나, 새로운 무언가를 배워서 목적을 이룰 수 있다. 아니면 최종 목적에 따라 행동해 목적을 이룰 수도 있다. 나의 목표를 어떻게 실현할지는 내가 결정한다. 업무 동기화는 가장 이루고 싶은 목적을 내가 서 있는 곳에서 시작해 꿈의 본질에 다가가게 한다. 최종 목적을 중심으로 시작하면 동시에 업무를 할 때 의미가 더해져서 넓이와 깊이가 생긴다.

① 집중력, 우선순위 그리고 시간을 동기화한다

최초로 미국을 횡단한 비행기는 예정보다 19일이 더 걸린 49일 만에 비행을 마쳤다. 언론계의 거물 윌리엄 허스트는 최초의 비행기가 만들어진 지 겨우 8년밖에 안 된 1910년 10월 허스트 상을 공표했다. 방향에 상관없이 미국의 한쪽 해안에서 반대편 해안으로 30일 안에 비행하는 최초의 비행사에게 50,000달러 상당의 상금(현재 10억 이상의 가치)을 주기로 했는데, 1911년 11월까지 도착해야 했다.

칼 로저스Cal Rodgers는 시간을 투자할 가치가 있는 모험이라고 생각했지만, 문제가 2가지 있었다. 그는 비행기가 없었고, 비행기 조종 방법도 몰랐다. 로저스가 집중력과 열망을 동기화해서 아이디어, 사람, 자원을 통합하고 최종 목적(미국 횡단)을 달성한 방법을 보자.

1. 도구가 없었다

로저스의 여정을 안내해줄 계기판이나 도구, 공항의 교통 관제탑이 없었다.

2. 노하우가 없었다

로저스는 비행하는 방법을 몰라 대회의 마감을 겨우 몇 달 앞두고 배웠다.

3. 비행기가 없었다

로저스는 비행기가 없어서 비행기를 마련하기 위해 한 대회에 참가했고 우승했다. 칼 로저스는 라이트 형제 외에 일반 시민 중에서 최초로 비행기를 구입한 사람이다.

4. 돈이 없었다

비행기로 대륙을 횡단하려면 더 많은 돈이 필요했다. 그는 빈 피즈 포도 소다의 후원을 받고 비행기의 이름을 '빈 피즈'로 지었다.

5. 팀이 없었다

로저스는 지상에 팀이 필요했고, 포도 소다 홍보로 받은 기금으로 사람을 고용했다.

6. 실패할 위험

1911년 9월 17일, 로저스는 뉴욕에서 캘리포니아를 향한 여정을 시작했고, 다음 날 사고가 났다. 비행기 조종사 자격증을 획득한 지 41일째 되는 날, 칼 로저스는 미국 롱아일랜드 인근의 경주로에서 빈 피즈 팀과 합류했다. 모여 있던 많은 군중의 대부분은 이 여정의 성공에 관해 의문을 가졌다.

160킬로미터 이상 날아서 뉴욕 미들타운 필드에 착륙한 다음 날 아침, 그가 앞으로 겪을 많은 사고 중 첫 번째 사고가 일어났다. 빈 피즈가 이륙하다가 나무에 걸려 조종사가 다치고 비행기도 파손됐다. 날개와 기체를 수리하고 로저스의 머리를 치료하는 데 며칠이 걸렸지만, 빈 피즈는 멈추지 않았고 결국 3주 뒤에 시카고에 도착했다.

7. 목적

로저스가 목표를 이룰 방법은 사라졌지만, 30일 안에 대륙을 횡단하는 것은 그의 목적이 아니었다. 사실, 로저스는 자신이 겪을 힘든 상황을 예상하고 목발도 가지고 왔다. 시간을 장악하는 과정에도 우여곡절은 있다. 기한이 다가왔고, 실패가 분명해 보였다. 하지만 로저스는 정비공과 지원 담당자로 구성된 수행단과 함께 여행을 완주하길 바랐다. 비행기는 70회 이상 이착륙을 거쳐 목적지인 캘리포니아 패서디나에 11월 5일에 도착했다.

로저스는 여행 중 15회 이상 불시착했고 병원에 수도 없이 방문했다. 비행기는 너무 많은 수리와 복구를 거쳐 캘리포니아에 도착했을 땐 기존 부품이 거의 없었다. 로저스는 비행 중 수많은 부상으로 고통받았다. 애리조나에서 다리가 부러졌고, 실린더 파편이 팔에 박혔으며, 셀 수 없이 많은 자상, 찰과상, 멍이 생겼다.

8. 최종 목적

로저스의 동기는 대회 상금과 기한이었다. 하지만 그가 꿈을 성취할 수 있었던 것은 최종 목적과 업무 동기화 덕분이었다. 대서양에서 태평양으로 가는 동안 로저스의 꿈이 현실이 되었다.

로저스는 닭장에 처박히거나, 비행기의 부품을 기념품 삼아 빼가려는 사람들로부터 도망가거나, 착륙 장소에 있는 소들을 내몰거나, 어두운 곳에 착륙할 때나, 사막에서 비행기를 수 킬로미터씩 밀고 갈 때, 병원에서 몸에 박힌 강철 파편을 제거할 때도 즐겁게 생활하며 기쁨을 만끽했다.

요즘은 비행기가 19일(456시간)이나 지연되면 불만이 크겠지만, 결과적으로 이 모험은 같은 거리의 대륙을 횡단할 때 걸리는 시간을 단 몇 시간으로 단축하는 데 기여했다. 칼 로저스는 말했다.

"저는 사람들이 비행기를 타고 뉴욕에서 태평양 연안까지 3일 만에 갈 수 있게 되는 날을 고대하고 있습니다."

바로 동기화된 목적이다.

· · · · · · ·

시간은 상대적이고 의미는 주관적이다. 목적의식으로 삶을 사는 것은 선택이다. 마음속으로 간절히 생각하는 꿈에 집중하는 것도 좋지만, 내 생각과 행동을 최종 목적을 이루는 방향으로 동기화해야 한다. 가치 있는 일에 의미 있게 시간을 사용하자.

업무 동기화는 하나의 전략이나 전술의 모음이 아니다. 삶의 방향이자 마음가짐으로, 자신의 삶을 나아지게 하는 운영 방식이자 하나의 결정이다.

칼 로저스가 여정을 마치는 모습을 보기 위해 패서디나에 2만 명 이상이 모였다고 한다. 그의 비행기는 원래 부품보다 교체된 부품이 많은 상태로 착륙했지만, 비행기를 반짝이는 모습으로 유지하는 것이 여행의 목표는 아니었다. "중요한 것은 비행기로 미국을 횡단했다는 사실이다." 미국 모형항공협회는 덧붙였다. "그는 자신의 꿈을 실현했다."

일출이나 일몰을 보기 위해 모이듯, 사람들은 꿈의 프로젝트를 시작하고 완성하기 위해 모인다.

② 생각과 행동을 동기화한다

업무 동기화는 최종 목적을 확장시킨다. 이것으로 우선순위에 따라 시간과 집중력을 가치 있게 사용하도록 업무를 혁신하고, 간소화하고, 원하는 사람들도 참여시킨다.

하고 있는 프로젝트를 일치시켜 업무 동기화를 실행해보자.

(a) 생각, 행동, 방향을
(b) 관심, 집중력, 일관성에 맞춘다.

제프 베이조스Jeff Bezos는 창업 27년 만에 아마존의 CEO 자리에서 물러나면서, 그 고삐를 자신의 '두 번째 뇌'인 앤디 재시Andy Jassy에게 넘겼다. 〈뉴욕 타임스〉는 이렇게 보도했다.

"2002년부터 2005년까지 베이조스의 보좌관이었던 앤 하이엇이 말하길, 앤디는 베이조스와 언제나 동행했으며 이사회는 물론 통화 내용까지 들었다고 한다. 앤디를 베이조스의 '두 번째 뇌'로 만드는 이 아이디어로, 앤디는 상관의 질문을 예상하고 그의 생각에 의문을 던질 수 있게 됐다."

자신의 뇌를 외주화하면 생산성의 정점에 오른다는 사실은 누구나 알고 있다. 진지하게 말해서, '전문가 고용'은 생각의 결과만큼이나 생각의 방식이 중요하다. 파트너, 멘토, 단짝, 자문가, 코치, 나의 생각을 나눌 사람이 있다는 것은 아주 큰 이점이다. 특히 나의 역할을 대체할 사람을 키울 때 그렇다.

③ 고효율 단계를 만든다

존 리 뒤마(John Lee Dumas, 나의 사업 파트너이자 기업가 정신을 다루는 세계 최고의 팟캐스터)는 매일 팟캐스트를 방송한다. 존은 엄청나게 바쁘다. 적어도 나는 그렇게 생각했다. 하지만 그가 얼마나 많은 자유 시간을 누리는지를 듣고 충격받았다. 존은 대체 어떻게 인터뷰, 녹음, 편집 작업을 마친 새로운 에피소드를 매일 내보낼 시간이 있는 걸까? (사실, 매일 하지는 않는다.)

존은 한 달에 2일 동안 15개의 에피소드를 녹음한다.

그리고 나머지 28일 동안은 팟캐스트를 하지 않는다.

존의 경우처럼, 동기화된 업무는 일반적인 프로젝트를 한 가지 방법으로 힘겹게 실행하는 대신, 고도로 집중하는 고효율 단계로 압축해 독립적으로 작업을 완성한다.

· · · · · · ·

업무 동기화는 모두의 목적, 우선순위 혹은 시간을 일치시키지 않아도 된다는 점에서 단체 업무와 다르다. 일반적인 근무일 이상의 시간이나 생산성은 필요하지 않다. 효과적으로 업무를 동기화하면 결과적으로 더 많은 여유 시간이 생긴다.

역설적으로, 시간을 동기화한 많은 사람이 자신에게 주어진 여분의 자유 시간을 일을 더 하는 데 사용한다. 하지만 남는 시간을 어떻게 사용할지는 자신의 선택이다.

업무 동기화는 업무를 선택, 설계, 변경, 혹은 적용으로 단계를 나눠, 원하는 방식으로 시간을 사용할 수 있게 만든다. 업무 동기화를 향상하기 위해 업무를 나누는 것은, 내가 원하는 것 주위에 경계를 설정할 용기를 지녔고 나의 목적을 지지하게 위해 업무를 활용할 줄 안다는 것이다.

나는 업무를 원격으로 마무리한다. 전체를 아우르는 프로젝트 내의 작은 프로젝트를 다양한 기간에 동기화해서 일한다. 예를 들어 이런 식이다. 외국에 출장을 가면 업무 동기화를 통해 일정을 확인하고, 사람들과 만난다. 일반적인 업무였다면 1년에 걸쳐 진행할 미팅을 단일주일 만에 처리하고, 나머지 51주를 아낀다. 때로는 미팅을 주선하고 우선순위를 겹치는 일이 재미있기까지 하다.

생산성의 비생산적 상징

기업 문화는 99%가 업무 전달이고 진짜 업무는 1%다. 나는 임원들에게 내가 직장에서 '생산성의 비생산적 상징'이라고 부르는 것들에 대해 어떻게 생각하는지 물었다(정시에 업무를 마치는 게 최선임에도 보여주기식으로 사무실에 늦게까지 머무는 일 등). 포천 100대 기업의 임원은 다음과 같은 대답으로 나를 놀라게 했다.

"약 180개의 팀을 이끌어보니, 직원들은 저에게 추가 근무를 얼마나 많이 하느냐로 열심히 일하는 모습을 보여주려고 합니다. 그런 헌신과 책임감에는 감사하지만, 생산성이나 효율성 측면에서는 중요하지 않다고 생각합니다. 직원들은 제가 던지는 2가지 질문을 이해하지 못하죠. '직원들이 배정한 업무를 감당하지 못하거나 느리게 처리하는가? 혹은 도움이 필요한데도 요청하지 않고 있는가?'입니다."

'생산성의 상징'은 일은 별로 하지 않으면서 열심히 일하는 것처럼 보이려는 얄팍한 시도다. 업무 동기화는 직원들을 잘못된 길로 이끌거나, 사장에게 추가 점수를 받게 하는 사내 정치가 아니다. 가장 능률적인 시간에 가장 유용한 일을 해서 가장 높은 가치를 만들어내는 것이다.

칼 뉴포트는 자신의 책《딥 워크》에서 와튼스쿨 교수이자 베스트셀러 작가인 애덤 그랜트의 업무 흐름을 탐구했다. 뉴포트는 그랜트가 '수업을 가을 학기에 몰아서 모든 집중력을 교직과 학생들에게 쏟고, 봄과 여름에는 그 집중력을 온전히 연구에 쏟는 방식으로 집중력이 분산되는 것을 줄인다'라는 것을 발견했다. 기본적으로 자신의 업무를 우선순위에 따라 겹치고 동기화하면, 시간이 정돈되고 집중력이 분산되지 않아 필요한 곳에 집중할 수 있다.

무슨 일을 하든 혹은 경력을 근본적으로 바꾸려고 한다면, 업무를 동기화해 최상의 상태로 일하고 나의 자율성을 보호해 최종 목적에 따라 살자. 업무 동기화는 용기와 창의성이 필요하지만, 의지를 갖고 작은 변화와 노력을 늘려가면 거대하고 비대칭적인 효과를 선사한다.

업무를 언제 어떻게 할지 스스로 주도하면, 나와 나를 믿고 함께하는 동료들에게 깊고 의미 있는 효과를 줄 수 있다. 업무 동기화는 다양한 프로젝트를 겹쳐서, 가치 있는 시기에 복합적인 수익을 만든다.

남는 시간은
꼭 생산적으로 써야 할까?

간혹 우리는 여분의 시간이나 여유 시간에 죄책감을 느낀다. 산업혁명과 그 여파는 여러 방면에서, 심지어 오늘날의 교육과 정책에서도 우리가 계속 일하게 만들고 남는 시간에는 걱정하도록 의도적으로 설계됐다.

때로 우리는 일상의 일분일초를 무언가로 채워야 한다고 느낀다. 집에서 일하기를 꿈꾸지만, 막상 집에서 일하면 스트레스를 받는다. 시간 장악은 나의 시간에 무엇을 하는 게 옳은지 그른지 따지는 게 아니다. 내가 선택한 영역을 훨씬 정교하게 만드는 일이다.

자신의 캔버스에 빈 공간 남기기를 싫어하는 예술가가 있다. '공간 공포'라는 증상으로, 빈 공간을 남기기 싫어하거나 두려워하는 증상이다. 이런 예술가들은 작품의 공간이나 표면을 세세하게 모두 채워야 하는 강박을 느낀다.

우리는 업무 동기화로 남는 여유 시간을 원하는 대로 즐기면 된다. 내가 좋아하는 프로젝트를 하든, 전문성을 추구하든, 사랑하는 사람과 보내든, '아무것도' 하지 않든, 당신이 원하는 것을 하자. 그것이 바로 시간 장악의 의도이자, 더 큰 유연함이다.

시간을 낭비하는
헛걸음 극복하기

'헛걸음'이란 우리가 해서는 안 되는 불필요한 발걸음으로, 어딘가에 갇힌 듯한 환상 통증을 일으키고 결과적으로 헛된 삶을 살게 한다. 일관성이 한 발만 벗어나도 우리는 직감적으로 헛걸음하고 있다는 사실을 깨닫는다.

"사업이 승승장구할 수 있었던 것은 수년간 열심히 일한 덕분이었어요." 미셸 예르겐센 박사가 말했다.

가족과의 시간, 건강, 수면, 그 이상을 희생해 보상을 받았지만, 보상처럼 느껴지지 않았다.

그녀는 놀라울 정도로 해야 할 일의 목록을 많이 적었다. "아주 길었죠! 제 삶을 제어하는 방법이라고 생각했어요."

미셸은 성공했지만, 그녀가 만든 목록은 불필요한 단계를 만들었다. 헛걸음이었다.

그래서 미셸은 한발 뒤로 물러났다. 시간을 내서 최종 목적을 확인했고, 긴 목록을 보면서 일관성에서 벗어난 모든 일을 EDO(제거, 위임, 외주화) 해 시간을 만들었다. 헛된 목록을 지웠다. 그리고 자신의 목표를 동기화해 업무와 삶에 충실한 계단을 만들어 생활을 더 잘 통제했다. 모든 일을 직접 하지 않아도 여전히 우선순위를 달성할 수 있다는 사실을 깨달았다. 그녀가 말했다.

"삶에서 그 일들을 제거하지 않아도 되지만, 모두 직접 할 필요도 없어요. 이 깨달음은 제가 부산하고 쓸모없는 일에서 벗어나, 삶을 사는 이유를 수행할 공간을 열어줬어요."

헛걸음을 없앰으로써 그녀는 삶의 이유에 더 많이 집중할 수 있게 됐고, 시간이 부족해 못 했던 일들을 할 여유도 생겨났다. 수년간 생각해온 모든 일을 다르게 해보기로 결심했다.

세 번째 책을 마쳤고 2개월 내로 완성할 책이 두 권 더 있다. 소셜미디어 플랫폼을 성장시켰고, 요리 학원도 시작했다. 가족들과 함께 시간을 보내면서 농가에 교육센터를 만들었는데, 가족들이 운영을 돕는다. 아이들의 꿈도 이룰 수 있게 돕는 동시에 사업도 운영한다. 이 모든 일이 어떻게 가능했을까?

삶에 집중했기 때문이다.

헛된 삶 그리고 헛된 삶에 따라오는 환상통은 내가 하지 않아도 되는 일을 하게 만들어, 성공을 위해 밤낮으로 일하는 동안 삶이 스쳐가게 만든다. 성공을 위해 밤낮으로 일할 필요가 없다거나 그런 삶을 선택하지 말아야 한다는 이야기가 아니다(상황은 다양하다). 업무 동기화는 자신의 작업 방식에 주도적으로 접근해, 최종 목적을 바탕으로 무엇이 필요하고 무엇이 필요 없는지 이해하게 한다.

미셸이 최종 목적을 자신의 업무에 동기화하자 업무와 삶에 집중하게 됐고, 생활이 꿈으로 확장됐다.

> 시간 장악 : 과정보다는 목적이 우선이다.
> 목적보다 과정이 앞서서는 안 된다.

헛걸음은 해야 할 일의 목록으로 나타나기도 하지만 해야 할 필요가 전혀 없는 중요 프로젝트로 나타나기도 한다. 그리고 중간에 있는 일일 때도 있다.

시간관리의 헛걸음은 전혀 할 필요가 없는 일을 측정하고 효율을 따지는 것이다. 누가 삽질을 얼마나 빨리하느냐는 것으로 예를 들어보면, 불도저가 있다거나 애초에 구멍을 팔 필요가 없음을 알면 어떤 단계를 실행하고 멈춰야 하는지 구분하는 데 아주 큰 차이를 만든다. 다음 질문들로 자신이 헛걸음으로 낭비하는 시간을 구분해보자.

- 이 일을 마무리하는 데 한 시간만 주어진다면 어떻게 할까?
- 하루에 한 시간만 일할 수 있다면 어떻게 할까?
- 일주일에 한 시간만 일할 수 있다면 어떻게 할까?

이 질문들(현실성은 따질 필요가 없다)은 당장의 목표를 넘어 궁극적인 목표를 달성하기 위해 실질적으로 필요한 일과 그 일을 누가 할지를 찾아준다. 업무 동기화의 관점에서 이 질문들을 보면 사업가, 설계자, 디자이너처럼 적합한 계획, 일관성, 구조를 파악하면서 생각할 수 있다.

도구를 체계적으로 배치해, 독립적으로 성공하도록 조직하는 것이 나의 핵심 역할이다. 나의 어떤 헛걸음이 환상통을 주고 나를 헛된 삶으로 이끄는지 아는 데 도움이 될 만한 다른 질문이 또 있다.

"해야 할 필요가 있을까?"

이 질문으로 최종 목적(성)을 지향하는 과업, 프로젝트, 역할을 확인한다. 그리고 EDO 해야 할 것이 무엇인지, 프로젝트 겹치기, 업무 동기화로 해야 할 일(해자)은 무엇인지를 효과적으로 확인할 수 있다. 미래의 성공을 측정하는 방법은 오늘을 어떻게 살지 선택하는 데 엄청난 영향을 준다.

스스로 시간의 함정을 강화하지 말자

데이브 로웰은 전통적인 자산 관리 기업의 맞춤형 재무 계획을 만드는 재정 상담가다. 그는 아침에 자녀들을 보고 아이들이 잠들기 한 시간 전에야 집에 돌아왔다. 아내인 크리스틴은 간호학교에 가서 분만실 간호사가 되는 게 꿈이었지만, 아이를 낳고 남편을 돕느라 꿈을 미뤘다. 데이브는 변해야 한다는 것을 알았지만, 자신의 업무 스케줄과 가족의 시간을 맞출 방법이 떠오르지 않았다.

데이브는 회사로부터 높은 수입과 지분을 보장받는 파트너가 될 기회를 제안받았고, 기회를 잡은 지 얼마 지나지 않아 자신이 원하는 것을 이루려면 아직 10년은 더 남았다는 것을 깨달았다. 자녀와 보낼 시간은 더 줄어들고, 크리스틴이 간호학을 배울 시간을 만들 수 없음을 뜻했다.

데이브는 직장을 그만두고 사업을 시작하며 꿈속을 사는 방법을 찾아줄 멘토를 구했다. 부유한 삶을 만들지 못하는 맞춤형 자산 관리가 무슨 소용일까?

데이브는 원하는 방향으로 사업 모델을 만들면 고객과 자신의 요구를 만족시킬 수 있다는 사실을 알게 됐다. 업무 동기화의 원칙에 따라 꿈을 위해 시간을 운영하면 된다.

"제가 원하는 삶의 방식을 만드는 데 집중했고 꿈을 중심으로 사업 모델을 구축했습니다. 예전에 세웠던 계획과는 정반대였어요. 그러자 즉시 제가 바라던 삶을 만들 자유가 생겼어요."

데이브는 온라인으로 가치를 창출하는 데 집중했고, 관심을 보이는 사람들에게 상품을 판매해 고객들이 다시 돌아오는 상황을 만들었다. 꿈을 삶으로 만들었다.

일주일에 20시간 정도만 일하면서 2년 연속으로 억대의 수익을 기록했다. 크리스틴은 정규 간호대학에 다닐 수 있었고, 현재는 학위를 마쳐 공인 간호사가 됐다. 데이브는 그 어느 때보다 아이들과 많은 시간을 보내고 있다. 원하면 언제든 여행을 할 수 있고, 그를 알아주는 멋진 고객들과 함께 일한다. 시간 장악의 힘이 없었다면 절대 삶 주위로 사업을 구축하지 못했을 것이다.

데이브가 일을 그만둘 당시에는 말 그대로 수입이 0이었다. 위험한 선택을 한 걸까? 맞다. 하지만 해야만 했다. 자신에게 내기를 걸어야 했다.

투자가 꼭 돈일 필요는 없었다. 시간이나 에너지도 투자할 수 있다. 하지만 '무엇'을 투자하든 충분한 결과를 얻으려면, 자신을 믿는 것이 가장 중요하다.

데이브는 중요한 문제를 긴급하게 처리하는 데 업무 동기화를 꾸준히 사용하고 있다. 그가 말했다.

"첫째가 10살이라는 사실이 절 두렵게 했습니다. 8년이 지나면 아이가 독립한다는 뜻이니까요. 큰 동기부여가 됐습니다. 아이와 함께 하는 시간을 놓치고 일만 하면서 세월을 보내고 싶지 않았어요."

무슨 일을 하는지는 여유 시간이 얼마나 생기는지와 상관없다. 좋아하는 일이든 아니든, 일하는 방식, 즉 업무 동기화가 차이를 만든다. 나와 내가 아끼는 사람들을 위한 더 많은 여유 시간과 자율성을 만들기 위해 주목할 가치가 있는 투자다.

· · · · · · ·

시간과 자원을 업무와 목표에 일치시키면 처음부터 필요 없는 많은 '헛걸음'을 없애준다. 데이브와 비슷한 상황이라면 스스로 시간의 함정을 강화하기 쉽다.

생산성은 얼마나 많은 단계를 처리하느냐 혹은 얼마나 많은 시간 동안 일하느냐의 문제가 아니다. 많은 사례에서, 한 시간 동안 한 업무는 8시간 동안 한 정규 업무와 똑같은 결과를 냈다.

- 한 해 한 해를 흘려보내지 말고, 업무 시간을 직업적, 개인적 목표와 최종 목적의 마감일에 맞춰 최고로 활용할 수 있게 동기화하자.

- 일단, 우선순위에 해당하는 업무에 고도의 집중력을 발휘해, 다른 업무가 끼어들지 못하게 한다. 다른 일들은 도중에 완료되거나 불필요해져 전부 없어진다.
- 자신의 최우선순위 업무를 일간, 주간, 월간의 가장 적합한 시기에 동기화하면 업무를 전환할 때 시간 낭비를 없앨 수 있다.
- 반복적으로 떠오르는 아이디어에 집중한다. 생명을 잃은 아이디어는 유령이 되어 나를 홀리고 물어뜯는다.

업무 동기화는 내가 하겠다고 말하는 일, 내가 하는 일, 그리고 나 사이의 시간을 안팎으로 붕괴해 상황을 해결한다.

핵심은, 5일 동안 해야 하는 업무를 하루 동안 집중해서 끝낼 수 있다면 4일의 시간을 아낀다는 것이다. 모든 일을 줄일 수는 없지만, 최우선순위의 업무를 먼저 끝냄으로써 시간 낭비와 업무의 전환을 없애 정신적 여유를 확장할 수 있다. 업무 동기화는 혼란과 시간 낭비를 매끄럽게 없애 자신에 대한 믿음을 쌓고 이해당사자들에게 확신을 준다.

업무 동기화를 지렛대로 활용하면 꿈같은 생활을 하면서도 생산성을 높이고 더 많은 시간을 창조하는 데 섬세한 도움을 준다. 목표에 도달하기 위해 자신이 편한 영역에서 벗어나면 안 된다. 목표가 편안하게 들어올 때까지 편한 영역을 넓혀가자.

'시간과 업무 동기화'의 핵심

- 생산성을 위한 영역에 들어가려고 기다리지 마라. 내가 없어도 생산적으로 만들어라. (내가 있을 때만 생산성이 올라가게 만들면 안 된다).

- 내 삶의 생산성과 성공의 산물은 주도적인 생활이다.

- 주도적인 삶은 타인의 선택이 우리를 조종하기 전에 스스로 선택을 내리는 것이다.

- '생산성의 상징'은 생산적이지 않다.

- 자원을 이용하는 것과 지혜를 이용하는 것은 다르다.

- 목표를 가치와 동기화하고 우선순위를 목적의식이 있는 프로젝트와 동기화하면, 실행하는 동안 시간을 사용하는 대신 시간을 창조한다.

- 모든 해결책은 문제를 만든다. 그러니 해결책이 일으킬 미래의 문제를 해결해야 한다.

- 통제는 내가 한다. 통제력을 잃었다는 생각이 들면, 목적을 알맞게 정돈하고 우선순위를 지원해 되찾을 수 있다.

나 없이도 일이 진행되도록
나의 업무 동기화하기

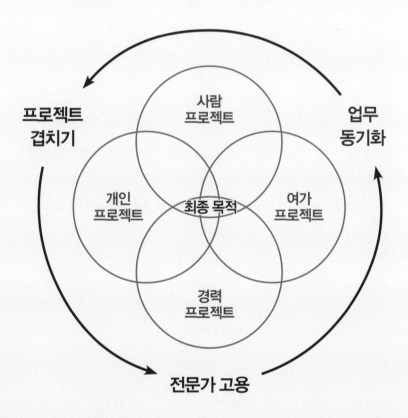

업무 동기화는 자원들의 능률을 높여 나의 시간 주변에 해자를 만든다. 그리고 프로젝트를 일간, 주간, 월간 혹은 연간 단위로 나눠 최종 목적을 지향하게 한다. 가치가 높은 활동에 우선 집중해, 업무의 전환을 줄이고 시간을 보호한다. 다음을 따라 당신의 업무를 동기화하라.

1. 어떤 업무가 가장 순조롭게 동기화될지 찾는다.
2. 업무를 동기화한다. 날짜, 시간을 정해 동기화하기로 한 일을 진행한다. 그리고 그대로 둔다.
3. 돌아가서, 이 과정을 현재의 모든 업무와 최종 목적 프로젝트에 적용한다.
4. 마무리된 업무를 다시 확인하고 싶은 유혹을 떨쳐내자. 쿠키를 굽는 도중에 오븐을 열어 열기가 다 빠져나가게 만드는 행동이다. 업무가 적당히 구워지게 두자!

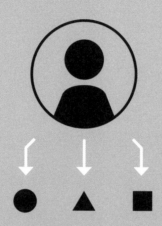

전문가 고용하기

CHAPTER

06

노하우 없이도
일하는 법

: 전문가 고용하기

자신이 어떤 사람인지 알면 어떤 부분을 발전시켜야 할지,
어떻게 나보다 더 나은 사람을 고용해야 할지 알게 된다.

알리사 콘 Alisa Cohn, **임원 코치이자 《시작하는 기업에서 성장하는 기업
으로》의 저자**

"로마호는 1850년대 초 언덕에서 금을 캐려는 포티나이너스
(Forty-niners, 골드러시 때 금을 캐려고 샌프란시스코에 몰려든 사람들)
를 가득 싣고 샌프란시스코의 번잡한 골드러시 항구에 도착했다. 짐
칸에는 에일 병들과 소금에 절인 돼지고기가 가득 실려 있었다."

당시 골드러시로 세계 각지의 사람들이 수많은 배를 타고 캘리포
니아로 몰려들면서 미국 역사상 가장 많은 이주민이 발생했다. 샌프
란시스코만은 빠르게 '돛대의 숲'으로 유명해졌다. 배의 선장과 선원

들은 금을 찾는 중이었다.

해양고고학자이자 《골드러시 포트》의 저자인 제임스 델가도는 이렇게 말했다. "권리를 확보하려면 부동산을 둬야 합니다. 말뚝을 박고 울타리를 칠 수도 있습니다. 하지만 가장 쉽고 저렴한 방법은 배로 하는 거죠."

시간이 지나자 많은 배들이 샌프란시스코의 금융가 혹은 부두의 토대를 쌓기 위해 전략적으로 만들어졌다. 금으로 부자가 된 광부는 극소수였고, 삽을 팔아 돈을 번 사람이 더 많았다. 배를 전략적으로 활용한 선장은 그 배로 가치가 높은 땅에 대한 권리를 주장했다.

· · · · · · ·

배는 프로젝트와 같다. 나에게 쓸모없어질 때까지 목적을 위해 존재한다. 프로젝트는 배와 같다. 내가 원하는 모든 것을 실을 수 있고, 정박시킬 수 있고, 가라앉힐 수도 있고, 태울 수도 있고, 용도를 바꿀 수도 있다. 아니면 다른 무언가를 짓기 위한 토대로 활용할 수도 있다.

생각해보라. 선장들은 배를 만들지 않는다. 바다를 항해할 뿐이다. 당신은 배를 만들기 위해 세월을 보낼 수도 있고, 바다를 항해할 수도 있고, 둘 다 할 수도 있다. 하지만 바다를 항해하기 위해 배를 만드는 방법을 알 필요는 없다. 또 배를 만들기 위해 수영하는 법을 알 필요

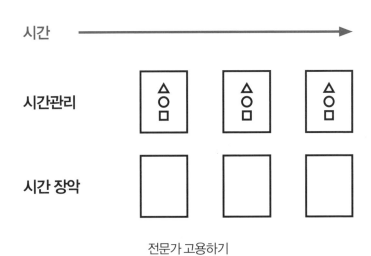

전문가 고용하기

도 없다. 삶과 사업에서 선박 건조, 항해, 수영하는 법을 알면 좋지만, 종종 이 모든 것을 알려다가 전부 멈추게 된다.

리더나 호기심 강한 혁신자들은 알 수 없는 미래에 산다. 금을 찾기 위해 배를 버릴 필요는 없다. 가치는 바로 당신이 탄 배에 이미 실려 있다. 하지만 프로젝트는 목적을 위해 존재한다. 프로젝트가 목적을 수행하려면 배와 함께 가라앉는 대신 다음 단계를 따라야 한다.

'전문가 고용'은 더 나은 일에 내 시간을 활용하기 위해 시간을 창조하는 기술이다. 다른 일을 하는 것이 나의 시간과 에너지를 더 가치 있게 사용하는 것임을 알면서도 하던 일을 계속한다면 자기 존중이 부족하다는 증거다. 특히 본인이 알면서도 한다면 더 확실하다.

전문가 고용은 이렇게 나타난다. (네모 안의 도형은 업무를 뜻한다.)

내 시간을 무엇과 바꾸고 있나?

전문가 고용은 프로젝트의 다양한 요소를 협의하거나 실행하기 위해 전문가를 모아 결과를 앞당기고 대립을 없애는 과정이다. 일자리를 얻으면 나의 자유를 한 명의 상관에게 외주화하는 것이지만, 기업가 정신을 가지면 나의 자유를 백 명의 상관에게 외주화할 수 있다. 시간을 장악하는 사람들은 하나의 일을 다른 일로 바꾸지 않는다. 이 것은 나의 시간을 자유롭게 만들지 않고, 새로운 문제만 일으킨다. 내 자유를 업무로 교환해서는 안 된다. 자유는 지키고 다른 방식으로 업무를 완료하자.

단지 관리자가 되기 위해 외주화하지 말라. 언젠가 제멋대로인 악몽이 생길 뿐이다. 그리고 상호 이익이 되는 방법으로 전문가들의 재능을 활용한다. 전문가들은 내가 할 일을 더 잘, 더 빠르게, 심지어 더 저렴하게 할 수 있다. 내가 직접 일일이 관리할 필요도 없다.

전문가 고용이 성립하는 방식은 다음과 같다.

- 시간을 장악하는 사람들은 명확한 결과물과 기한을 설정한다.
- 전문가들이 목표를 달성하기 위해 필요한 서비스, 소프트웨어, 제품이나 다른 자원들을 제공한다.

전문가들이 해야 할 것은 이렇다.

- 서로 합의한 결과를 제공한다.
- 서로 합의한 날에 결과를 제공한다.
- 서로 합의한 금액에 결과를 제공한다.
- 관리가 없어도 결과를 제공한다(이것이 전문가다).

오늘날 독립적으로 살아갈 방법을 찾고 있는 유능한 사람들은 어디에나 있다. 우리는 전문가 플랫폼을 통해 전 세계의 재능 있는 사람들을 지원할 수 있다. 전문가 고용은 시간을 되찾고, 삶을 혁신하며, 원하는 결과를 얻는 강력한 방법이다.

그렇다면 언제 전문가를 고용해야 할까? 대답은 자신에게 달렸지만, 이 질문을 삶의 길잡이로 삼자.

"내 시간을 무엇과 바꾸고 있는가?"

당신의 시간을 다른 일에 '더 잘' 사용할 수 있다면 지금 하는 일을 전문가에게 맡겨 보자. 전문가를 고용해 돌려받는 모든 순간은 나에게 만회할 기회를 주고 나의 시간을 최고와 최선의 순간에 사용하게 한다. 나에게 시간을 선사할 뿐 아니라, 업무로 생기는 마음의 번잡함에서 벗어나 정신적 여유와 단단한 멘탈을 준다. 필요 없는 일에 시간을 쓰면서 삶의 절반을 포기하지 말자.

나의 시간과 집중력이 필요하지만 정작 하지 못했던 삶과 사업상의 일들을 처리할 기회가 늘어난다고 생각해보자. 내 삶의 방식은 일상에서 내가 하는 일로 드러난다. 하지만 내가 없을 때 그 일이 어떻게 처리되느냐에 따라 개선되기도 한다.

> 66 전문가가 날 위해 일한다면
> 그 시간에 나는 무엇을 해낼 수 있을까? 99

전문가 고용을 할 때
피해야 할 것

훈련 피하기

다음은 잘못된 방식으로 외주화할 때 일어나는 일이다.

- 아주 많은 고용인이 업무를 외주화할 때, 이미 잘하는 전문가들이 있음에도 상대적으로 경험이 적고 관리와 훈련이 필요한 사람들을 의도적으로 뽑는다.

- 시간의 함정을 더 복잡한 함정으로 대체한다. 업무를 0으로 만드는 목표를 뒤로하고, 시간을 더 낭비하게 만든다.

- 이 상황은 차라리 고용자가 직접 하는 편이 낫다는 것을 깨닫기 전까지 잠재적으로 더 오래, 두 배로 일하게 만든다.

이렇게 훈련이 필요한 외주화는 고용하는 사람과 고용된 사람 모두를 좌절하게 만든다. 신입사원을 훈련할 시간과 장소는 따로 있다. '나를 훈련할 수 있는 사람과 함께 일하는 것'이 전문가 고용이다. 오랜 시간과 돈을 써서 경력을 쌓고, 나보다 노하우가 많은 사람을 고용해야 즉시 도움이 되고 비싼 훈련 없이도 내 시간을 아낄 수 있다.

나의 기술 통제하기

다음으로, 전문가 고용 해결책을 보자.

- 전문가를 올바로 고용하면 업무를 더 빠르고, 더 훌륭하게 그리고 더 저렴하게 완료할 수 있다.
- 저렴은 목표도 아니고 종종 좋은 생각도 아니다. 하지만, 맞다, 저렴하다.
- 프리랜서 오픈마켓에 가격을 설정하면 상대가 수락하거나 협상하는 과정을 통해 서로 만족하는 보수에 도달한다.
- 돈이 많다면, 온라인 마켓에 업무를 제안해 함께 일하고 싶어 하는 전문가가 있는지 살펴보자.
- 전문가들은 합리적인 가격에 도달할 때까지 협상한다.

- 전문가에게 결과물을 돌려받으면, (자신이 설정한 관계에 따라) 직접 바꾸거나, 수정하거나, 편집할 수도 있고, 필요할 경우 결과물을 돌려보내서 업데이트를 요청할 수도 있다.

- 전문가를 고용하는 기술을 배워 효과적으로 적용하면 생각보다 훨씬 좋은 결과물을 받을 수 있다.

- 제대로 된다면, 전문가 고용은 나에게 많은 시간과 노력의 짐을 덜어준다.

내 인생의 연출자가 되자. 내가 직접 모든 것을 다 할 필요는 없다. 스티븐 스필버그는 필름을 편집하지 않는다. 마이클 칸(40년 동안 스티븐 스필버그의 작품을 편집한 에디터)이 한다. 시상식에서 스필버그는 마이클 칸의 뛰어난 경력을 언급하면서 이렇게 말했다.

"영화 제작이 기술에서 예술로 이동하는 지점입니다."

전문가 고용을 통해 업무를 기술에서 예술로 꾸준히 전환해야 우리의 삶을 정돈할 수 있다. 전문가 고용은 나를 더 나답게 만든다.

전문가는 내 큰 꿈의 조력자다

전문가는 일을 사랑한다

전문가 고용은 타인에게 쓰레기를 주면서 버려달라고 말하는 것이 아니다. 나는 하고 싶지 않지만, 다른 사람은 여러 가지 이유로 하고 싶어 하는 일들이 많이 있다. 내가 시작은 잘하지만 마무리에 서툴거나, 과정에 강하지만 시작을 못 해서 안 하거나 안 할 일들이 많이 있다. 다른 사람이 바로 그 일을 도와줄 수 있다.

내가 예술가인데 사업으로 애먹고 있다거나, 내가 사업가인데 창의성이 필요할 때가 있다. 협업의 기회와 장점은 수도 없이 많다. 창의적인 협업이 발생하는 과정이다. 사람들은 공통의 목표를 향해 조화롭고, 공평하고, 행복하게 함께 일하며 자신의 시간을 어떻게 계획할지 완전히 자유롭게 선택한다. 물론 이 모든 목표의 설정과 실행, 협력은 세상에 선한 영향력을 깊고, 넓게 미치고 내가 원하는 사람이 되는 데 더 큰 목적이 있다.

지구상에 내가 제시하는 가격에 나를 돕고 자신의 가치도 추구할 사람이 한 명은 있다. 그 한 명이 내가 직접 하면 (시간 때문이든, 자금 때문이든) 10주가 걸릴 일을 10시간 혹은 1시간 만에 끝내준다면?

21세기에 온 걸 환영한다.

세상에는 원격으로 일하기를 원하는 사람이 넘쳐나 서로의 프로젝트를 겹칠 수 있게 됐다. 우리는 함께 협업하며 모두를 위한 자유, 자율성, 선택권을 만들 수 있다.

- 전문가 고용은 설계자와 건축업자라는 두 명의 창작자에게 그들이 어떻게, 어디서, 언제 시간을 소비할지 선택할 자유를 준다.
- 전문가 고용은 창안자와 기술자의 생활 방식에 모두 부합하는 프로젝트를 선택할 자유를 준다.

전문가 고용은 둘 이상의 사람이 다른 재능과 전문성을 테이블로 가지고 와서, 각자의 영역에서 행복하게 역량을 발휘하며 마법 같은 일을 해내는 것이다. 큰 꿈을 설계했는데 어떻게 해야 할지 방법을 모를 때, 전문가에게 일을 맡겨라.

반짝 팀 만들기

드림팀은 '반짝 팀'이다. 다양한 능력을 갖춘 동등한 사람들이 내가 시작한 프로젝트에서 나의 가치를 실현하기 위해 뭉친 팀이다. 영화 촬영 세트처럼, 장면과 위치에 따라 뭉치고 흩어진다. 당신은 이 '반짝 팀'과 함께 복잡한 일을 빠르게 조직하고, 완성할 수 있다. 내가 바라지 않는 한 장기적인 헌신은 필요 없다. 제한된 시간의 틀 안에서 업무를 완수하면서 무언가를 실험하는 훌륭한 방법이다.

내 회사는 수년 동안 전 세계에서 팀을 급조하며 수천 개의 일자리와 수백 가지의 다양한 제품들을 만들었다. 대기업들은 외주화를 활용해 우리와 같은 사람들에게 전문가로 일할 기회를 준다.

크라우드소싱은 큰 힘이 된다. 하나의 프로젝트를 100개의 업무로 나눠 100명에게 나눠주고, 내가 직접 하는 경우보다 100분의 1의 기간에, 혹은 더 빠르게 결과를 받는다.

프리랜서들은 프로젝트에서 동전의 반대편에 있는 사람들이다. 거의 모든 분야의 거래에서 우리는 서로 외주화하고, 당하는 사이다.

이렇듯, 전문가 고용은 나의 가치를 실천하며 업무를 동시에 완성하는 방법이다.

병목현상 멈추기

이제 당신은 나의 시간과 프로젝트, 업무를 자신 있게 장악하고, 어떤 요소가 전체 시스템을 제한시키는 병목현상 없이 일을 진행해 창의성과 품질을 해치지 않는 방법을 알게 됐다.

자신의 전문성을 빌려줄 의지가 있고 준비가 된 전문가들은 사업가, 임원, 직원들에게 가장 과소평가 받는 자원이다. 새로운 프로젝트를 시작할 때마다 이미 있는 것을 다시 만드는 데 노력과 시간을 쓰지 말고 전문가를 구하자. 전문가와 업무로 이루어진 나만의 교향곡을 지휘하고, 나는 원할 때만 직접 연주하면 된다.

전문가 고용으로
시간을 장악한 사람들

사례 1. 팟캐스트 업로드와 저널 만들기

앞선 장에서 존 리 뒤마라는 팟캐스터가 한 달에 딱 2일 녹음하지만 15편의 팟캐스트를 편집하고, 매일 업로드하는 많은 일을 해낸다고 말했다.

이렇게 할 수 있는 이유는 그가 만든 시스템의 일부(혹은 해자)로 모든 작업을 간소화했기 때문이다. 그는 샌디에이고에서 푸에르토리코로 이사하고 세계를 여행하면서도 자신의 최종 목적을 조금도 벗어나지 않았다.

내가 존의 팟캐스트에 출연한 뒤, 그가 나에게 잡지 만드는 것을 도와줄 수 있냐고 물었다. 나는 그를 도와 잡지를 만들었는데, 이것으로 수십억 원의 수입을 창출했다. 우리는 잡지를 해외에서 만들어 미국에 있는 창고로 보내 발송했다. 사람들은 그의 팟캐스트에서 잡지에 관해 듣기도 하지만, 온라인 추천도 많았다.

이 사례는 프로젝트 겹치기, 업무 동기화, 그리고 전문가 고용이 공생하며 많은 자유 시간, 위치의 독립, 업무 유동성, 생산성, 그리고 수익까지 만들어낸 완벽한 예시다.

사례 2. 제품 제조 및 공급망 운영하기

마찬가지로, 드웨인 존슨은 손수 제품을 만들기 위해 프로젝트 겹치기를 하지 않는다. 그는 제조, 공급망 그리고 운영을 맡길 전문가를 고용한다. 매일 신발에 끈을 끼우거나 병을 포장하거나 메일로 들어온 주문을 직접 발송하지 않는다.

드웨인의 프로젝트는 그가 시작하고 끝내지만, 파트너와 다른 이해당사자들이 연관돼 있다.

그는 대역이 해야 할 장면이 아니라면 자신이 직접 스크린에 등장하는 것을 선택할 수도 있고, 주문을 포장하는 것이 시간을 가장 가치 있게 사용하는 일이라면 그것을 선택할 수도 있다. 드웨인은 의심의 여지 없이 현장에서 가장 열심히 일하는 사람이며, 자신의 목표와 역할에 따라 어떤 일을 할지 선택하고, 일을 성공적으로 해내기 위해 주변에 애정을 표한다.

사례 3. 제품 개발과 시제품 만들기

팻 플린과 케일럽 보이직은 '스위치팟'을 개발하기 위해 2년 동안 시제품을 제작하고 영상 제작자들에게 피드백을 받았다. 그리고 크라우드펀딩으로 돈을 모금했다. 두 사람이 아이디어를 가지고 나에게 왔을 때 그들의 머릿속에는 개념은 있었지만, 제품을 만드는 노하우는 없었다.

두 사람은 그들의 아이디어를 전문가에게 맡겼고, 우리의 프라우덕트PROUDUCT 팀 전문가들이 세세한 부분을 작업했다. 두 사람이 말했다.

"우리는 전 세계에 사무실이 있는 대기업이 아닙니다. 단지 촬영할 때 카메라 잡는 방법이 거슬렸던 두 명의 크리에이터예요."

제작에 들어간 돈도 크라우드펀딩으로 마련했다. 12시간 만에 16억 원을 모금했는데, 캠페인 기간에 5억이 늘었다. 6개월 뒤에 수천 명의 구매자에게 상품을 발송할 수 있었다. 전문가의 손에 맡기면 업무가 가벼워진다.

．．．．．．．

댄 설리번Dan Sullivan과 벤저민 하디 박사Benjamin Hardy는 두 사람의 책 《방법이 아닌 사람》에서 이렇게 가르친다.

"주변에 내가 목표를 이루도록 도와주는 사람들로 구성된 팀이 있다면 어떨까? (나도 그들의 목표를 도와야 한다.) 무언가 마무리하고 싶다면 스스로 이런 질문을 던지는 것을 습관화하자. '어떻게 하면 이 일을 할 수 있을까?' 물론 더 나은 질문도 있다. 모든 일을 쉽게 완성하는 새로운 세상을 열어줄 질문이다."

전략 코치 댄 설리번은 그 질문을 알고 있었다.

"나 대신 누가 해줄 수 있을까?"

내 삶의 큐레이터가 되자

티에팽 마그레Thiefaine Magre는 나의 사업 파트너이자 '프라우딕트'
의 최고 운영 책임자다. 그는 프랑스에서 온 이민자고, 그의 아내 마루
이아는 타히티에서 왔다. 두 사람은 어린아이들을 키우며 전 세계를
여행하고, 미국 유타주 남부와 타히티를 오가며 가정을 꾸린다. 티에
팽은 다양한 업계의 수백 가지 제품을 감독하며 아이디어부터 주문
까지 공급망을 관리한다. 그는 원격으로 전 세계에서 일한다.

티에팽은 삶을 즐길 시간조차 없어야 맞다. 하지만 티에팽은 전문가
고용의 힘을 활용해 자신의 전문 분야를 보조한다. 경력 프로젝트를
중심으로 다른 전문가들과 함께 '반짝 팀'을 만들어 랠리를 이어간다.

운영을 간소화하고 힘든 일을 대신 해주는 공급처를 관리하는 것
은 엄청난 지혜다. 내가 가장 잘하는 일에 계속 집중하는 힘을 준다.
일단, 무엇을 외주화하고 싶은지를 알게 되면 공급처 거름망을 만들

어 공급처의 능력, 가능성, 관계 같은 특성을 정의하고 걸러낸다. 그다음 잠재적인 공급처를 식별해 나만의 거름망으로 밀어 넣는다. 그러면 함께 일할 잠재적인 업체는 작은 그룹만 남는다.

"성공으로 향하는 아슬아슬한 비결입니다! 내가 가장 잘하는 일을 하고, 나머지는 외주화합니다."

나의 업무 스타일을 위한 시간의 해결책을 입수해, 내 생활의 큐레이터가 되자. 당신은 전문적인 자원인가? 전문 자원이 되기를 좋아한다면 전문가를 고용하지 않아도 된다.

프로야구의 투수는 자신의 투구를 다른 사람에게 맡기지 않는다. 투수니까. 하지만 때에 따라 자신을 대신할 계투, 대주자 혹은 대타가 필요하다. 업무 동기화는 전문가 고용으로 겹친다.

만약 자신이 텔레비전 프로그램의 진행자인데, 일상의 긴급한 속보들로 시간이 부족한 생활을 선택했다고 생각해보자. 물론, 업무의 모든 부분을 외주로 처리할 수도 있지만, 내가 좋든 싫든 진행자는 불가피하게 얼굴을 화면에 비춰야만 한다. 대부분의 상황에서, 당신은 그 일을 하도록 고용된 전문가다.

자신이 좋아하고 원하는 일은 외주화하지 말자. 업무가 내 환경의 일관성에서 벗어나 좋아하지 않는다면, 그 일의 교환을 실험할 수도 있고, 나의 새로운 최종 목적에 맞춰 결정을 내릴 수도 있다.

삶이 멋진 이유는 다른 선택도 내릴 수 있기 때문이다. 하던 일을 계속할 수도, 전략적으로 그만둘 수도, 다른 방법으로 결과를 낼 수도 있다. 시간관리에서 시간 장악으로 일하는 방식을 바꾸면, 단계적으로 점점 더 많은 시간을 만드는 기회를 발견할 수 있다.

그리고 시간 장악의 기술은 누구나 배울 수 있다. 만약 어떤 일을 하고 싶지 않거나 하는 방법을 모른다면, EDO(제거, 위임, 외주화) 하자. 새로운 시간 능력을 확장해 목적과 우선순위에 맞추고, 시간을 장악하는 과정으로 프로젝트를 만들자. 과정은 목적에 따른다.

．　．　．　．　．　．　．

시간을 장악하면, 중요하지 않은 일에 시간을 낭비하지 않고 우선순위대로 일을 끝낼 수 있다. 나의 선택이 마음에 들지 않으면 탈출을 선택하면 된다.

전문가가 나를 대신하면 나에게 얼마나 많은 시간이 생길까? 나만의 전문가 모델을 설계하자.

내가 시간을 중심으로 쌓아온 몇 가지 전문가 프로젝트를 살펴보자. 나의 사업가 고객은 제품을 만들고 싶어 했지만 그러기 위해서는 많은 시간이 필요했다. 그래서 나는 전문가 모델을 설계해 그들의 시간을 돌려주는 서비스를 만들었다.

크리에이터 고객은 영상을 제작하고 싶었는데 편집 과정이 개인 시간을 너무 많이 빼앗았다. 그래서 나는 전문가 모델을 설계해 그 시간을 돌려주는 서비스를 만들었다.

기업 임원 고객은 가족과 시간을 보내고 세계를 여행하는 능력과 함께 '무언가 말도 안 되는 일을 시작하는 해결책'을 원해서, 자신만의 전문가 모델을 만드는 방법을 서비스로 만들었다.

이 벤처사업들은 '전문가 고용 프로젝트'라는 삼각대에서 세 개의 다리를 형성해 고객들에게 시간을 돌려주고, 서로를 보완하며, 나의 시간과 현금의 흐름을 자유롭게 하고, 내가 일할 위치도 자유롭게 선택하게 한다.

시간을 장악하는 사람들은 사적인 자유를 늘리면서도, 전문가가 제때 전문적인 결과를 제공해 최고의 생산성을 유지하는 방식으로 프로젝트를 설계한다.

시간 장악 프로젝트는 개인적인 시간을 자유롭게 만들고 나의 4P 우선순위 혹은 최종 목적이라는 '성' 주위에 전략적 해자와 경제적 해자를 만든다. 전문가와 일하면 전문적인 결과를 얻을 수도 있고, 시간도 많이 쌓인다. 당신은 원하는 것을 선택하면 된다. 전문가들은 일하기를 원하며, 당신이 제공한 기회에 감사할 것이다.

'전문가 고용'의 핵심

- 적절한 틀, 실험, 신뢰 그리고 변화와 상호 이익을 위해 책임을 넘기는 일을 포함한다.

- 업무와 활동을 EDO(제거, 위임, 외주화) 해 크게 성장하도록 돕는다.

- 시간 단위 업무나 지나친 관리를 바탕으로 하지 않는다.

- 가치와 결과를 바탕으로 한다. 모두의 재능을 최고, 최선으로 사용하고 특별한 관리 없이도 기한에 맞춘다.

- '반짝 팀'은 제한된 시간의 틀 안에서 전문적인 협력을 위해 구성된다.

- 전문가 고용은 상호 이익인 생태계를 조성하고 모든 이해당사자를 위한 돈, 시간, 자유를 준다.

- 전문가들은 훈련이 필요 없다.

- 전문가들은 일하기를 원하며, 일할 기회에 고마워한다.

- 나의 절차에 병목현상을 넣지 말자.

- 자존심을 버리고 협력을 시작하자.

- 전문가 모델을 설계해 전문적인 결과를 이루고 나의 시간을 되찾자.

우리는 모두 살아온 인생과 경력, 꿈이 달라 삶에 자신만의 관점과 제약, 접근법이 있다. 현실주의자가 되자. 창의적으로 시간을 조절하며, 하고 싶지 않은 일을 지휘해 나의 삶을 되찾자.

나의 업무를 전문가에게
맡겨 시간의 자유 얻기

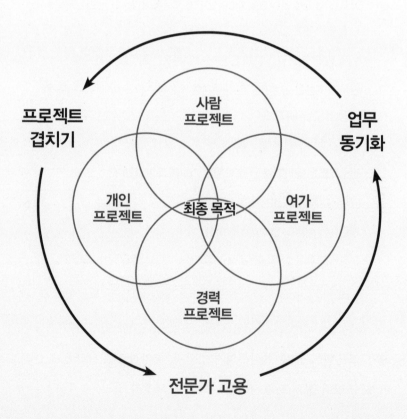

전문가 고용은 내가 '시간이 없고', '방법을 몰라도' 묻고 따지지 않고 모든 일을 마무리해준다. 다음을 따라 전문가 고용 목록을 만들자.

1. 시간 장악의 기술로 찾은 나의 4P 우선순위와 해야 할 일, 그리고 활동을 살펴본다.

2. 그 목록에서 위임하거나, 외주화하기로 표시한 항목을 본다.

3. 각각의 항목 옆에, 목록에서 없애고 싶은 날짜를 적는다.

4. 해야 할 일을 다시 본 후, 다른 사람이 더 잘할 만한 것이 있는지 자신에게 물어본다(자신이 좋아하거나, 원하거나, 잘하더라도). 이것도 위임하거나 외주화하면 어떨까?

   새로운 가능성을 열어두고 외주화하기를 원하는 일의 대략적인 날짜를 정한다. 물론, 이 과정은 내가 직원이든, 임원이든 혹은 사업가든 상관없이 진행할 수 있다.

5. 이 장에서 배운 원칙을 사용해서 다른 사람이 끝낼 수 있거나 내가 하고 싶지 않은 일은 위임한다. 내가 모든 일을 직접 하는 것은 나를 가장 유용하고 가치 있게 활용하는 일이 아니다. 위임으로 내 마음과 시간을 자유롭게 하자. 한 번에 하나씩 시작한다. 위임으로 신뢰를 구축한다.

6. 반복한다.

꿈을 직업으로
바꾸지 말라

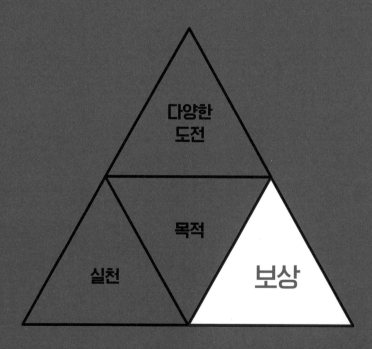

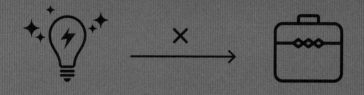

꿈을 직업으로 바꾸지 말자.

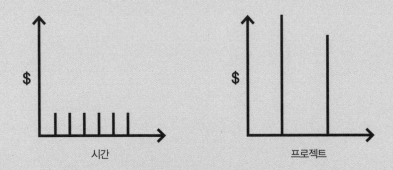

돈 버는 방법을 바꾸면
당신의 인생도 바뀐다.

가치를 중심으로
돈 버는 방법을 바꿔라
: 경제적 해자 만들기

부자가 되는 기술은 업종이나 저금에 달려 있지 않다.
더 나은 계획, 적절한 시기, 알맞은 장소에 있다.

랄프 왈도 에머슨 Ralph Waldo Emerson, **미국의 사상가**

라 윅은 자신을 "불임 문제가 있고 번아웃을 겪은 마사지 치료사"
라고 소개했다. 그녀는 시간을 돈으로 바꾸지 않는 방법을 알아내고
자 노력하는 중이었다. 로라는 마사지 치료사들을 이렇게 설명했다.
"최고의 마사지 치료사들은 남는 시간을 대개 무료로 고객들과 보내
면서, 훌륭한 도구와 자원들을 고객에게 제공하죠. 고객의 몸과 삶에
일어나는 일들을 연결해 문제가 해결되도록 돕는 데 천부적인 재능
을 가졌어요."

그녀는 마사지 치료사들이 편하고 자유롭게 사업을 할 수 있게 돕고 싶었지만, '시간을 돈으로 바꾸는' 구조에서는 불가능했다.

그래서 '보디마인드메소드BodyMindMethod'라는 사업을 만들어 코칭을 시술에 포함하는 프로그램을 마사지 치료사들에게 가르치면 어떨지 스스로에게 물었다. 이 방법으로 적게 일하고 많이 벌면서, 고객들에게 더 좋은 결과도 주는 구조를 만들 수 있을까?

로라가 보디마인드 코칭 프로그램을 시작한 이후, 수백 명의 마사지 치료사들과 전체의학 의료인들이 이 시스템에 동참했고, 돈을 받는 방식을 바꿨다(예전에는 1회에 13만 원을 받았다면, 보디마인드 코칭 프로그램은 200만 원~1,300만 원 이상으로 판매된다). 그리고 이 새로운 구조 덕분에 고객들의 삶이 어떻게 바뀌었는지도 자주 공유할 수 있게 됐다.

이 '말도 안 되는' 아이디어 덕분에 로라는 남편과 4번의 불임 치료를 받고 마법처럼 아들 제임스를 입양할 경제력을 얻었다. 바라던 대로 엄마가 될 수 있었던 이유는 가득 찬 예약 때문에 녹초가 되는 일이 없기 때문이다. 보디마인드 코칭 프로그램은 팬데믹 와중에도 성장했다. 마사지 치료사들은 대면하지 않는 방법을 찾고 있었다.

"당신은 제가 만든 과정에서 불필요한 단계를 찾아 없앨 수 있도록 도와줬고, 동시에 확장할 수 있는 간단한 일들도 찾게 해줬어요."

이 사업 덕분에 로라는 처음으로 월수입 1억 원을 기록했고, 머지 않아 2억 원 달성으로 이어졌다. 돈 버는 방법을 바꾸자 로라뿐만 아니라 진심으로 일하는 아주 많은 마사지 치료사와 전체의학 의료인들의 삶이 바뀌었다.

• • • • • • •

당신도 변할 수 있다. 당신도 다른 방식으로 돈을 벌 수 있다. 또는, 직업을 유지하거나 그만둘 수도 있다.

궁극적으로, 이 모든 것은 무엇을 위한 것인가? 돈 버는 방법을 바꾸기 전에, 먼저 내가 추구하는 것을 삶의 중심에 놓고, 그 주변에 내가 추구하는 이상을 지탱할 업무를 창조할 의지가 있는가?

- 어쩌면 내 현재 업무 상황은 생각만큼 엉망이 아닐 수도 있다.
- 당신이 자부심을 느끼지 못하는 이유는 직장 사람들이 이득을 얻기 위해 당신에게 가장 이익이 될 만한 일을 말해주지 않아서일 수도 있다.
- 누군가가 당신이 업무에 적합한지 비밀리에 시험하는 중이라 사소한 일로 밤에 잠을 못 자는 것일 수도 있다.
- 당신이 인생의 전환점에 있고 직업을 완전히 바꾸기를 원한다면 물 밖으로 나오는 물고기처럼 다른 업계로 향하되, 하반신에 새로운 다리를 갖춰

야 한다.

- 경력을 쌓을 때, 커다란 장애물을 넘기에는 내가 너무 작아 보이더라도 자신을 진심으로 대하고, 시야를 넓히고, 인격적으로 성장해야 한다.
- 어쩌면 당신은 너무 냉소적이고, 차가우며, 업무적으로 자신을 너무 심각하게 대하고 있을지도 모른다. 동심을 품고, 인생의 아름다운 면을 바라보고, 주변 사람들을 사랑하자.

시간을 장악하는 사람은 시간과 돈에 모두 보상을 주는 가치를 창조한다.

내 자서전의 다음 장에 시간을 원하는 대로 사용하는 모습을 적을 수 있다면 어떨까? 돈 버는 방법을 바꾼다면 나에게 어느 정도의 자율성이 생길까?

최종 목적 주변에
경제적 해자를 구축하자

역사적으로, 직업은 우리가 사는 지역을 제한했고 가족 행사, 여행, 취미나 개인적인 일 중 '언제' 시간을 쓸지를 결정했다. 우리가 출근 시간을 기록하고 특정 장소와 특정 시간에 일하게 했다. 하지만 오늘

날에는 언제, 어디서 일할지에 대한 문제는 훨씬 더 유연해졌다. 돈 버는 방법, 즉 어떤 활동으로 대가를 받는지 그리고 결과를 창출하기 위해 내가 있어야 하는 물리적인 장소는 어디인지가 나의 생활 방식을 결정한다.

돈 버는 방법은 나를 구속할 수도, 최종 목적에 따라 달라질 수도 있다.

내 시간을 가치 있게 여길 때, 삶이 나의 가치와 일치하게 된다. 돈 버는 방법이 자율성을 결정한다. 꿈의 직업은 나를 자유롭게 하는 일이다. 돈 버는 방법을 바꿔 경제적 해자를 구축하자. 나의 이상적인 삶의 방식을 보호하고, 시간의 자유를 만들고, 이동성을 확장하자.

돈 버는 방법이 그 업무의 장점을 누릴 시간, 집중력, 일관성에 부합하지 않으면 가치관에 맞춰 생활하기 어렵다. 하루를 끝낼 때 자신에게 물어보자.

- 내가 어떤 분위기를 만들었는가?
- 삶이 나의 가치관과 일치하는가?
- 진정으로 주도적인 삶을 살고 있는가?

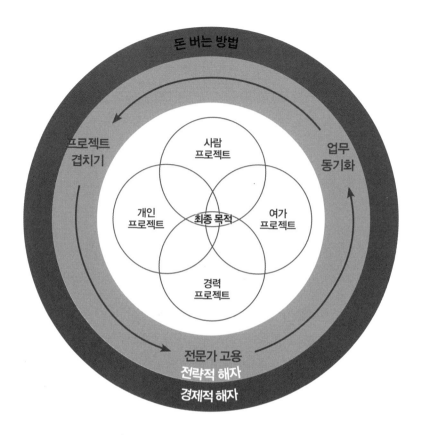

최종 목적 주변에 경제적 해자를 두르자.

경제적 해자는 자신의 가치관에 맞는 업무를 하는 자율성과, 더 많
은 시간을 즐기는 능력을 의미 있게 지지하고 강화할 때 생긴다. 일하
는 방식 그리고 돈 버는 방법에 관한 생각을 바꾸는 것은 기존의 개념
을 거스르는 일이지만 많은 기회를 만들어낸다.

가치를 중심으로
돈 버는 방법을 바꾼 사람들

가치(최종 목적)에서 출발해 가치를 운영하고(전략적 해자), 가치 있는 방식으로 돈을 버는 것은(경제적 해자) 전통적인 시간관리 및 목표 설정과는 완전히 반대다.

시간관리

일자리 찾기 → 직장 근처에 살기 → 유급휴가

전통적인 시간관리와 생활 관리는 급여를 중심으로, 지정된 장소에서 정해진 방법대로 살며, 지정된 시간에만 개인적 목표를 추구한다.

시간 장악

가치관 → 내가 원하는 생활 방식 선택 → 돈 버는 방법 선택

업무로 개인적인 시간을 만드는 기술은 일정표에 나와 있지 않다. 나의 가치관을 삶의 중심에 놓고, 들어간 시간의 양이 아니라 생산되는 가치로 보상을 받아야 한다. 이것은 선택이다. '경제적 독립'을 이루기 전에도, 의무가 아닌 내가 원하는 것을 선택해 일할 수 있다.

사례 1. 내가 원하는 일로 수입을 만들어낸 사진작가

한 성공한 사진작가가 일이 없는 혹독한 겨울에 사업을 운영할 방법을 찾기 위해 노력 중이었다. 그녀는 시간을 창의적으로 정리해, 촬영 업무가 줄어들었을 때도 꾸준히 수입을 만들고 싶어 했다.

그녀는 이상적인 삶을 가로막는 사업 모델에 갇혀 있었다. 그녀에게는 현재 상황보다 훨씬 큰 능력과 야망이 있었고 지금의 업무와 삶을 대하는 전략을 바꿀 필요가 있었다. 그녀는 최종 목적을 우선시하지 않아 잠재력을 최고로 발휘하지 못하고 있었다.

나는 현재의 사업을 키우면서도 자신의 꿈을 바탕으로 새로운 업무 카테고리를 만드는 방향을 제시했다. 업무를 지향하는 사업 모델에서 가치를 지향하는 사업 모델로 바꾸고, 꿈을 중심에 두자 결과적으로 인생이 바뀌었다.

그녀는 개인, 경력, 사람, 여가 우선순위를 찾아 자신이 추구하는 목적, 생활 방식 그리고 세상에 대한 기여를 지지했다. 그리고 이 목적들 위주로 프로젝트를 만들었다. 시간 장악의 원칙들을 배우고 실행하는 몇 개월 동안 그녀는 자신의 열정과 재능을 최대한 활용해 수입을 창출하는 프로젝트들을 시작했다. 그녀는 자신이 가르치는 일을 좋아한다는 것을 깨닫고 크리에이터를 위한 온라인 프로그램을 만드는 데 집중했다. 그녀는 가족과 함께 여행하는 시간을 뺏기지 않고, 온라인 교육 사업을 운영하며 억대의 금액을 벌고 있다.

사례 2. 알래스카 회계사의 2가지 일 목록

케이시 프라이스는 자신이 꿈꾸던 생활을 이룰 능력이 없다고 생각했다. 그녀는 시간 장악의 과정(최종 목적, EDO, 성과 해자)으로 기초를 다진 뒤, 돈 버는 방법을 바꾸고 자신의 삶도 바꿨다.

먼저 자신이 할 일과 내가 즐기는 일 목록 2개를 만들었다. 그 목록을 통해 누구든 고용할 수 있고, 최고의 전문가와 일할 수 있다는 것을 알았다. 다른 사람들과 경쟁하는 것이 아니라 함께 일하는 기회로 기존의 재정적 경계를 넓혀가야 한다는 것도 깨달았다. 팬데믹으로 세계가 폐쇄된 이후 주변 사람들의 생활은 힘들어졌지만, 케이시의 사업은 번창하며 성장했고, 그에 따라 다른 사람들을 위한 기회도 만들었다.

"주도적으로 시간을 사용해 가족들과 모험, 추억도 많이 만들었어요." 케이시가 말했다.

알래스카에 사는 이들의 꿈은 가족과 함께 여행하고 겨울에는 따뜻한 애리조나에서 생활하는 것이다. 케이시는 RV 차량으로 가족과의 여행을 즐기고 애리조나에 집도 장만했다. 케이시는 다시 바빠질 때면 목록의 본질을 돌아본다.

당신은 수입을 얻는 곳 주변에 삶을 형성할 수도 있고(전형적인 시간관리), 아니면 이상적인 삶을 중심으로 수입을 얻는 곳을 만들어낼 수도 있다(시간 장악).

사례 3. 일주일에 3시간만 일하는 스타트업 회사

테일러 커밍스는 심장에 6개의 결함을 갖고 태어나 생존할 확률이 5퍼센트였다. 4번의 심장 절개 수술, 두 번의 기적으로 지금까지 생명을 지켜온 그는 심장 조율기로 꾸준히 심박을 유지해야 한다. 테일러가 말했다.

"저는 시간을 최대한 활용하고 싶은 확실한 열정을 가지고 자랐어요. 13살 때 아버지가 암으로 돌아가셨어요. 인생이 짧다는 것을 다시 깨달았고, 삶을 의미 있게 만들고 싶어서 사고방식을 바꿨어요."

22살이 됐을 때, 그는 자신의 생활을 유지하면서 꿈을 이룰 수 있다는 것을 배웠다. 평범한 사업가의 길을 걸으려고 노력하는 대신 삶을 중심으로 무언가를 구축하기로 했고, 몇몇 스타트업을 시작했다가 실패한 뒤, 마침내 통하는 사업 모델을 찾아냈다.

테일러는 24살에 친구들과 일주일에 3시간만 일하는 회사를 만들었다. 사모펀드 그룹이 인수할 사업체를 찾는 일을 도와 올해 처음으로 260억 원의 거래를 했다. 좋아하는 것과 사랑하는 사람들에게 집중하고, 다른 것들을 구축하는 데 시간을 쓴 결과다.

현재 그는 사업 관리와 기업가 정신을 주제로 전략적 의사결정과 수행심리학에 집중해 박사학위를 준비하고 있다. 또 중국 소림사에서 무술도 연마했다.

당신은 마음가짐을 바꿀 수 있고, 건강 수준을 바꿀 수 있으며, 자신이 보고 듣는 것을 바꿀 수 있다. 삶의 모든 것을 바꿀 수 있다. 하지만 기업가 정신 혹은 고용을 통한 새로운 사업 모델에 따라 행동하지 않으면, 당신의 일상은 변하지 않는다. 삶을 바꾸고 싶다면, 내가 돈을 버는 방법과 이유를 반드시 바꿔야 한다.

사례 4. 다섯 아이를 재택교육하며 자유를 얻은 싱글맘

앙헬 나이바루는 방이 두 개인 아파트에서 살면서 다섯 아이를 재택교육하는 싱글맘이었다. 그녀는 대학원에서 임상사회복지학을 전공했지만, 직장에 나가 일을 하는 대신 집에 머물기로 선택했다. 직장과 가정의 의무를 모두 감당하기는 버거웠다.

시간을 어디서 마련해야 할까?

"꽉 막힌 느낌이었어요. 시간이 가장 큰 제약처럼 보였어요. 집에 머물며 재택교육을 하는 엄마가 되거나, 치료사가 돼서 병원에서 일하며 그곳의 운영시간에 맞추는 것 중에서 선택해야 했죠."

앙헬은 수입이 없어서 경제적으로 힘든 상태였고 전남편에게 의존하고 있었다. 그녀는 시간 장악의 원칙에 따라 생각하기 시작했다.

분기별로 개인 고객을 코칭하고 분기마다 진행하는 세미나를 매진시키는 일 외에도 순수하게 추천으로만 고객을 늘리는 방안을 마련했다. 그러자 앙헬의 시간은 자유로워졌고, 업무도 전보다 생산성 혹은 수익성이 늘어났다.

2021년 초, 앙헬은 갑자기 하와이에서 한 달 정도 살고 싶은 충동을 느꼈다. '어떤 사람이 한 달이나 휴가를 내고 하와이에서 휴가를 보낼 수 있을까?' 세뇌된 뇌가 앙헬에게 말했다. 그러나 앙헬은 병원을 한 달 비우고, 그 시간을 하와이에서 보냈다. "'모든 일몰은 다시 시작할 기회'라는 당신의 말에 따랐어요." 하와이에서 30일 동안 해가 대양으로 지는 모습을 보면서 모든 삶이 다시 시작되는 걸 경험했다. 그 경험을 반복할수록, 자신을 위한 기회가 더 많이 있다고 느꼈다.

앙헬은 하와이로 이사를 온 뒤 가장 좋아하는 장소에서, 꿈꿔왔던 글쓰기와 출판으로 살고 있다. 아들들과의 관계를 끈끈하게 하고 그 어느 때보다 많은 돈을 번다. 일상의 스케줄을 자신이 정하고, 스트레스도 전혀 받지 않는 삶을 산다. 내가 하는 일을 좋아하면 은퇴하고 싶은 생각이 완전히 사라진다. 이미 원하는 삶을 살기 때문이다.

일과 삶의 일관성 구축하기

돈 버는 방법을 바꾼다는 것은 사람들과 함께 환경을 만들고, 내 미래의 가치관과 비전에 맞는 잠재력을 성장시키는 일이다. 나의 최종 목적과 관련된 유의미한 생활을 이루는 것은 경제적 해자를 만들고 그것으로 자신의 생활 방식을 보호하는 주도적인 노력이다.

핵심은 '경제적 해자 만들기'다. 좋아하는 일을 하면서 수입을 창출하고, 시간을 낭비하는 대신 창조해야 한다.

"워런 버핏이 개념화하고 이름 붙인 '경제적 해자'는, 기업이 경쟁사를 뛰어넘는 확실한 장점으로 시장 점유율과 수익성을 보호하는 것이다. 주로 따라 하거나 복제하기 어려운 브랜드 이미지, 특허 등의 이점으로 다른 기업과의 경쟁에서 효과적인 방어막이 된다."

마찬가지로, 시간 장악의 원칙을 적용한 경제적 해자는 나에게 시간상의 이점을 줘서, 고용주들에게 나를 강력한 자산으로 만든다. 동시에, 원하는 대로 오갈 수 있는 권한도 생긴다.

· · · · · · ·

그렉 페시는 회사를 상장기업에 매각하는 일을 돕는 변호사다. 그는 기업의 대표였지만 삶에 변화가 필요하다고 느꼈다.
"저의 삶에서 가장 중요한 것은 가족이고, 업무에 그 사실을 더 반영하는 방법을 찾고 싶었습니다." 그렉이 말했다.
그는 가족과 함께하는 시간을 최우선으로 삼고, 그것을 현실로 만들 업무 상황을 찾았다. 하지만 새로운 시도를 하기에는 두려웠다. 기업의 생존 경쟁을 너무 오래 겪다 보니 그런 게 가능한 일인지 의심하도록 세뇌된 탓이다.

그는 자신이 가장 중요시하는 우선순위를 중심으로 시간을 자유롭게 해줄 업무와 보상을 원했다. 우리는 기다림을 멈추고 우선순위 주위에 경제적 해자를 만들어 새로운 벤처사업의 개념을 증명할 판매 방법에 관해 이야기했다. 그렉은 이 과정에서 알아낸 사실을 공유했다.

"완벽한 제품이나 완벽한 수단을 얻으려고 하지 말고 가장 중요한 일, 무언가 파는 일을 먼저 해야 한다."

"실제로 혹은 온라인에서 만난 사람에게 나의 제품을 살 의사가 있는지 단도직입적으로 물어봐야 한다."

"피할 수 없는 일은 미루면 안 된다. 그래야 우리 제품을 발전시킬 자원, 시간, 공간을 얻는 데 도움이 되고, 궁극적으로 내가 바라던 업무와 삶을 시작할 수 있다."

직접 움직일 때 비로소 마법이 일어난다. 그렉의 다음 벤처사업은 성장하고 있으며, 그의 여유 시간도 늘고 있다.

최종 목적으로 향하지 말고, 최종 목적에서 시작해야 한다. 처음부터 자신의 이상적인 생활 방식 위주로 사업 모델과 판매 전략을 구축하고 나의 기회와 시간이 확장되는 것을 지켜보자.

돈 버는 방법에 대한
사고 전환

당신이 지금의 업무 방식을 만들게 된 이유와 그 방식의 효과는 무엇인가? 프로젝트로 장기간 돈을 벌지 못한 사람이 내게 와서 무엇을 해야 하는지 물었다. 나는 바로 그들에게 이런 질문을 던졌다.

"가장 최근에 다른 사람에게 직불 혹은 신용카드로 구매를 요청한 것은 언제인가요?"

대부분의 사람들은 이 질문을 듣자마자 현실을 깨닫는다.

1억을 버는 방법

500명에게 20만 원짜리 제품을 판다.

1,000명에게 10만 원짜리 제품을 판다.

2,000명에게 5만 원짜리 제품을 판다.

5,000명에게 2만 원짜리 제품을 판다.

당신에게 일이 돈과 같은 뜻이라면, 당신이 평생 돈을 벌지 못했다면 하루도 일하지 않은 셈이다. 그렇지 않은가? 일할 준비를 했을 뿐, 일하지 않았다. 업무를 돈으로 바꾸기 위해서는 판매 활동이 필요하다. 자유를 위해 일하거나 시간을 투자하는 것은 장기 계획이 될 수 있다.

하지만, 돈이 필요한데 사람들에게 나의 물건을 사라고 적극적으로 묻지 않는다면, 당신이 어떻게 사업적 보상을 얻을 수 있을까? 당신이 무엇을 파는지 아는 사람이 없다면, 실제로 무엇을 판매한 걸까?

이러한 업무상의 간단한 깨달음은 '적극적으로 판매하지 않았기 때문에 돈을 벌지 못했다'라는 안도감이 들게 한다. 하지만 곧바로 판매하지 않았기 때문에 돈을 벌지 못했다는 부담감도 생긴다.

자신이 직원, 임원, 기업가, 혹은 1인 사업가로 결과를 내고 있다면, 전략, 일관성, 그리고 실행을 통해 삶과 업무에서 즐겁게 몰입하는 경험을 할 수 있다. 자신의 경제적 상황에 상관없이 당신의 삶은 언제, 어디서, 어떻게 일하는지에 따라 돌아간다. 이 사실을 깨달을 때 새로운 시야가 열리고, 선택권이 주어진다. 자신의 시간을 정중하고 가치 있게 대하자.

· 사업가들은 사업으로 더 많은 자유와 유연함을 추구하지만, 그들의 사업이 자신의 모든 자유와 유연함을 빼앗는다는 사실만 깨닫는다.

- 임원들은 지금의 일자리를 새로운 일자리로 바꾸지만, 그 일도 생활 방식을 개선하지 않는다는 사실만 학습한다.
- 사원들은 회사에서 나쁜 사장을 마주치지 않는 직책을 맡더라도, 그 나쁜 사장이 일상에 여전히 적극적으로 영향을 끼친다는 사실을 깨닫는다.

더는 반복하지 말자. 더 나은 이유로 일하는 방식을 선택해, 더 좋은 효과를 만들자.

· · · · · · ·

다음으로 해야 할 새로운 과제는 시간 장악을 일상의 상호작용으로 만드는 것이다. 모두의 삶은 다르고 상황도 다양하지만, 각자 원하는 방식으로 시간을 보낸다는 원칙은 같다.

하버드대학교 경영대학원의 교수 클레이튼 M. 크리스텐슨에게 다른 사람에게 해야 할 일을 정확히 말해주지 않으면서 타인이 결정을 내리도록 유도하는 체계 만드는 법을 배운 적이 있다. 시간 장악을 실천할 때, 경험적 학습을 통해 모델들을 통합하다 보면 마음 깊은 곳에서 정답이 떠오른다.

시간을 장악하는 틀, 모델 그리고 방법은 스스로 나아가는 것을 선택하고, 원하는 곳으로 가는 길을 찾도록 도와주는 나침반과 같다.

모든 사람은 자랑스러운 삶을 구축할 수 있다. 삶에서 원하는 한 가지에 노력을 집중하면 효율성이 극도로 올라간다.

그리고, 삶이 깊어지려면 삶이 넓어야 한다. 더 많이 보고 더 많은 것을 해야 더 나은 사람이 된다. 삶의 경험은 새로운 일(업무)의 경험이다. 자신의 삶을 일로 가지고 가면, 일이 생활이 된다.

경제적 해자를 구축하는 것은 최종 목적을 지원하는 수익을 만들기 위해 일하는 방식을 개인화한 것이다. 일을 위한 일은 하지 말자. 이런 원칙은 하려는 일을 더 명확하게 생각하는 데 도움을 준다. 하지만 반드시 실행해야 한다.

시간을 장악하는 삶을 위한
새로운 경제 일정표

전설적인 기술자이자 품질 관리 '구루'인 에드워즈 데밍W. Edwards Deming은 "모든 시스템은 그 결과가 나오도록 완벽하게 설계됐다"라고 믿었다.

"당신은 오늘 어떤 시스템에 속해 있는가?"

이 질문은 당신의 삶에 새로운 경제적 일정표를 갖게 한다.

최종 목적을 올바르게 지향하면 지름길 혹은 우회로가 없어진다. 긍정적인 연쇄 작용을 일으키는 목적의식으로 시작해, 전통적인 시간관리의 함정을 본능적으로 피하고 미래의 많은 가능성을 열게 된다.

당신은 부정, 생존, 부활, 도착 이 4개의 절차와 사고 패턴으로 새로운 경제 일정표를 삶에 둘 수 있다. 시간 장악을 하는 많은 사람들이 목표를 일정표의 끝에서 시작으로 가지고 올 때 거치는 길이다.

먼저, **부정 단계**에 들어가면 성공 가능성 자체를 부인해 자신이 성공할 수 있다는 가능성도 부인한다. 그리고 **생존 단계**에 들어가 현재 아는 것을 하거나 아니면 그것이 최선이라고 생각한다. 그리고 상황을 개선하려면 무언가 반드시 바뀌어야 함을 깨닫고, 새로운 시도를 하며 **부활 단계**에 들어선다.

마지막으로, 목표를 달성하기 위한 **도착 단계**에 들어간다. 자신이 부정, 생존, 부활, 도착 어느 위치에 있든, 해냈을 때의 즐거움을 기억하고 힘들더라도 좌절하지 말자. 각각의 기회를 지혜와 용기, 시간 장악의 도구를 활용해 충족시켜야 한다.

선택은 쉽지 않다. 선택은 어느 정도 기회와 책임이 따른다. 자유와 평안은 공짜로 쉽게 얻을 수 없다. 기회비용을 고려하면, 가장 난이도가 쉬운 길도 전혀 쉬운 길이 아니다.

경제적 해자를 만들 때
유용한 질문들

이 질문을 사용해 삶에 더 큰 자율성을 만들어보자.

- 나는 들인 시간이 아니라, 결과로 보상을 받는가?
- 그 일은 내 시간과 에너지에 적절한 금전적 가치를 주는가?
- 특정 장소에 있지 않아도 내가 선택한 장소에서 결과를 제공할 수 있는가?

이 세 가지 질문에 모두 "네"라고 대답할 수 있다면, 업무가 자신의 최종 목적의 가치에 부합할 확률이 높으니, 그대로 하면 된다. 이 질문들 중 "아니오"로 대답하는 질문이 있는데도 그 일을 계속하고 싶다면, 창의성을 발휘하고 시간을 장악하는 틀로 일을 처리해보자. 최종 목적에 따라 시간을 들이는 게 아니라, 시간 창조 프로젝트를 수행할 능력을 기른다.

목적의식과 집중력을 갖추고 일을 대하자. 이를 유지하기 위해, 시간을 장악하는 제약 조건을 업무 환경에 적용해서 강제 기능을 설계하자.

개인의 가치관과 제약에 따라 일하기로 선택하는 것은 나 자신과 우선순위를 존중하기로 선택한 것이다.

업무를 잘 선택하면 기본적으로 나에게 더 중요해진다. 개인적으로 더 잘 돌보고, 해결하고, 집중해서 마치게 된다.

업무가 재미없거나 결과를 내는 데 어려움을 겪고 있다면 전문가를 고용하면 된다.

이렇게 우선순위에 맞는 제약으로 삶과 업무의 일관성을 유지하는 것이다. 나는 최종 목적 프로젝트 위주의 긍정 제약을 찾기 위해 다음 질문들을 한다.

- 즐거운가? (좋아하고 원하는 일이라 몰두하고 있는가?)
- 의미가 있는가? (다른 사람을 돕고 긍정적인 효과를 만드는가?)
- 스마트폰으로 할 수 있는 일인가? (기동성이 있고 여행 중에도 할 수 있는 일인가?)
- 기회를 잡지 않으면 후회할 일인가? (중요하고 긴급한 일이라 기회를 놓치고 싶지 않은가?)
- 가족과의 시간을 빼앗거나 더하는 일인가? (처음부터 나의 최종 목적 프로젝트에 통합된 일인가?)

이 질문들은 내가 중요한 프로젝트를 어떻게 작업할지 선택하는 데 도움을 준다. 제약 중심의 질문은 내가 행복해지는 업무와 삶의 과정을 알맞게 설계 또는 재설계하거나, 목적을 정하거나 목적을 변경하거나 협상 또는 재협상하거나, 유지, 갱신, 운영하는 데 도움을 준다.

걱정을 해결로 바꾸는 질문을 과감하게 해보자. 오래되고 정형화된 절차를 하나하나 해체해 시간을 돌려받는 대신, 업무를 목적에 맞게 처리하는 절차를 선택하자. 현재 나의 목적에 맞지 않는 업무 절차는 나중에도 나의 목적과 맞지 않는다.

긍정적인 면을 강화하는 제약은 프로젝트와 당신의 책임을 열정적으로 살피고, 깊고 넓은 영향력을 끼치며, 나의 선택에 따라 시간을 자유롭게 만든다.

내가 원하는 삶을 위한
업무 제약

당신의 개인, 경력, 사람, 여가 프로젝트를 위한 업무 제약은 무엇인가? 진정성과 창의성을 갖고 제약으로 절차를 정리하면 모든 삶과 업무를 위한 프로젝트를 원하는 방식으로 운영할 수 있다.

스트레스를 받는다면?

시간을 장악하는 사람들은 일하는 방식을 바꾸는 과정에서, 직장을 그만두고 다음 일을 시작하기 전까지 수입을 메우는 데 스트레스를 받는다. 모든 상황이 다르지만 한 가지는 분명하다. 원하지 않는다면, 일을 그만둘 필요는 없다.

할 수 없다는 생각이 들 때는 어떻게 할까?

해야 할 일 중 어떤 일이 다른 일보다 어려워 운영 방식을 바꿔야 할 때, 하나의 일자리를 그만두고 새로운 수입원 프로젝트를 시작하는 것이 일반적인 선택이지만 꼭 필요한 것은 아니다. 자신이 삶과 사업 (일)을 생활 안으로 넣기 위해 일을 바꾸는 것과 일을 그만두고 싶어 하는 것은 완전히 다르다.

위기 관리는 어떻게 할까?

시간을 장악하는 사람들은 새로운 시간 장악 프로젝트를 도입하는 동시에 현재 업무에 적용할 방법을 생각해 수입이 줄어드는 위험을 줄인다. 가뜩이나 시간이 부족한데 시간을 더 소모하는 프로젝트를 추가하는 것은 우리가 할 일이 아니다.

다리를 불태우고 싶지 않으면 어떻게 할까?

다리를 불태우기 전에 내가 어느 쪽에 있는지 생각하자. 항상 다리를 태워야 하는 것은 아니다.

어떻게 해야 동시에 한 가지 이상의 일(직업)을 할 수 있을까?

원하지 않으면 동시에 한 가지 이상의 일을 할 필요는 없다. 시간 장악의 원칙이 적용된 프로젝트를 운영해서 얻을 수 있는 가장 큰 보상은, 현재 업무를 기본으로 두고 프로젝트 겹치기를 통해 새로운 프로젝트를 추가해 (잠재적) 수입을 두 배로 올리는 것이다.

업무 시간을 늘리지 않고 복합적인 수입원을 만들 수 있을까?

내가 좋아하고 원하는 시간 장악 프로젝트를 시간을 장악하는 틀 아래 구축하고 EDO 방식으로 운영해야, 최종 목적을 삶의 중심에 두고 시간을 자유롭게 할 수 있다. 시간을 통제할 수 있다면 문제 될 건 없다. 필요에 따라 재구성하면 된다.

수백만 명이 아닌 천 명의 진짜 팬

잡지 〈위어드〉의 창립 임원 케빈 켈리Kevin Kelly는 크리에이터의 수익에 관해 "1,000명의 진짜 팬"이라는 제목의 전설적인 기사를 썼다. 이 기사는 크리에이티브 업계의 영감과 현실의 기준이 됐다. 주변 업계에도 적용되는 계산법이다.

"크리에이터로 성공하기 위해 수백만 명이 필요한 것은 아니다. 수십억 원이나 수백만 명의 손님, 수백만 개의 거래처, 수백만 명의 팬은 필요 없다. 공예가, 사진작가, 음악가, 디자이너, 작가, 애니메이터, 앱 제작자, 사업가 혹은 발명가로 살기 위해서는 수천 명의 진짜 팬만 있으면 된다."

요약하자면, 천 명에게 10만 원 정도 수익을 낸다면 1억을 벌 수 있다는 말이다. 3만 원짜리 전자책을 몇 권 팔아야 나의 연봉을 대체할 수 있을까?

오늘날 구직자는 일자리를 고를 때 수많은 선택지를 고려할 수 있다. 다음 시나리오는 나쁜 사장 혹은 비수기를 피해 부업을 만들 때 사용하는 대비책이다. 수입 조건에 따라 이렇게 계산할 수 있다.

"다른 사람을 위해 일하면서 최대로 벌 수 있는 돈은 1년에 약 8,000만 원이다."

"매달 600만 원을 버는 셈이다."

"프리랜서로 한 달에 600만 원을 벌려면 고객 6명이 나에게 100만 원을 결제하면 된다."

이 예시는 미래의 이야기가 아니다. 이미 과거에 해당하는 이야기다. 물론, 전체 비용과 특수한 환경 등 고려해야 할 다른 사항들도 있다. 이 예시를 자신의 삶에 적용해보고, 필요에 따라 숫자를 바꾼 뒤 새로운 비전을 보자.

10억을 벌려면 천 명의 사람이 100만 원을 지불해야 한다는 사실을 깨닫는 순간, 머리가 핑 돌기 시작한다.

1억을 벌려면 천 명의 고객이 10만 원을 지불해야 한다는 것을 깨닫는 순간

약 8,000만 원의 연봉은 겨우 2,600명이 3만 원짜리 전자책을 구매하면 된다는 것을 깨닫는 순간

매달 무엇이든 3만 원짜리를 220개씩 팔면, 1년에 약 8,000만 원을 번다는 것을 깨닫는 순간

그 순간 당신은 작은 벤처사업 10개로 나와 타인의 삶에 커다란 변화를 영원히 줄 수 있다는 사실을 깨닫게 된다.

사라진 시간을 생각해보자.

직장에서 다른 사람의 꿈을 위해 일주일에 40~80시간씩 헌신하면 어떤 다른 일을 할 수 있을까? EDO의 시간 장악의 원칙을 사용해 엄청난 시간의 자유를 얻으면 자신의 삶에 부가 프로젝트를 추가할 여유가 생기거나, 현재 일에 새로운 자유를 줘서 행복을 쌓을 수 있다.

시간을 동기화하자. 시간 장악의 기술을 사용하면 얼마나 많은 시

간과 돈을 만들 수 있을지 생각해보라. 일상에 부정적인 영향을 주지 않고 현재 급여와 같은 돈을 만들 가능성이 생긴다면? 더 적은 시간으로, 더 많은 돈을 벌 수 있다면?

자신의 꿈에 시간을 투자하자

나의 첫째 아들 롤리는 생일에 친구들과 스카이다이빙을 하기로 계획했다. 이제 막 18살이 된 롤리는 스카이다이빙을 몹시 하고 싶어 했다. 롤리가 나를 초대했고 나는 절대 가고 싶지 않지만, 아들과 할 수 있는 멋진 경험을 놓치고 싶지도 않았다. 아들과 함께라면 죽어도 상관없었고, 솔직히 죽을 가능성도 희박했다. 결과적으로 최고의 시간을 보내서 이 기억은 내 삶의 하이라이트 중 하나가 됐다.

우리가 활주로에 있는 작은 비행기를 향해 걸어갈 때, 스카이다이빙 강사가 나에게 무슨 일을 하느냐고 물어봤다. 나는 작가이자 국제적인 사업을 하는 사업가라고 답했다. 그는 비행기가 고도를 높이는 동안 자신이 놀면서 돈을 버는 비밀에 관해 이야기했다.

그들은 온라인으로 엄청난 돈을 벌었는데, 비결은 그들이 스카이다이빙하는 동안 전 세계의 프리랜서들에게 많은 일을 외주화하는 것이었다. 그들은 큰돈을 버는 만큼 수백 명의 사람을 고용했다. 비행기가 이륙하고 착륙하는 횟수보다 더 많은 가상 부업 프로젝트로 삶에 다양한 재정적 활주로를 만들었다.

　새로운 생활 방식 그리고 수익을 만드는 방법은 너무나 다양하다. 그러니 나에게 맞는 방법을 고르면 된다. 지금 세대에게는 그 어느 때 보다 많은 기회가 있다. 풍족한 기회는 나름 문제를 가지고 있지만 그 문제를 반기고, 도전해야 한다.

　감사하자. 전 세계의 수백만 명이 하루에 3,000원도 안 되는 돈으로 생활한다. 감사할 줄 모르는 태도로 자신의 집중력을 낭비하지 말자.

　나의 시간에 관대해지자. 다른 사람의 문제를 도와줄 때 자신의 문제도 직시할 수 있다. 계속 사람들을 도와주자.

　자신의 시간을 노골적으로 무시하면, 모두가 당신을 똑같이 대한다. 당신은 천연자원과 같아서 내버려 두면 기업들이 당신을 고갈시켜버린다. 가장 좋은 시절을 회사에 빼앗긴 사람이 당신뿐만은 아니다. 내 시간을 어떻게 보충할지는 나에게 달려 있다. 선택은 나의 몫이다. 나의 시간으로 무엇을 할 것인가? 어디에 갈 것인가? 어떻게 돈을 벌 것인가? 바꿀 기회는 아주 많다.

　현대의 업무는 계약자와 사업가가 바뀌고, 기업은 자동화되는 방식으로 바뀌고 있다. 기업이 프리랜서들과 일하고 프리랜서들이 기업과 일하는 기회는 엄청나게 많다. 사랑하는 사람들과 좋아하는 일을 할 기회를 잡아야 한다. 자신의 우선순위를 우선해야 한다.

집중하고 있는가? 새로운 세계의 구직 시장에 들어갈 때는 집중력이 필요하다.

돈 버는 방법을 바꾸면, 당신의 '성' 주위에 수익을 보호해줄 전략적 해자와 경제적 해자를 구축해 더 큰 통제력을 얻을 수 있다. 4가지 목적 프로젝트로 삶의 중심을 잡고, 경력 우선순위로 개인 우선순위를 지원하자.

시간을 장악하는 과정은 우리에게 더 많은 사람을 도울 수 있는 새로운 자유를 보상으로 준다. '돈 버는 방법의 변화'는 다음과 같다.

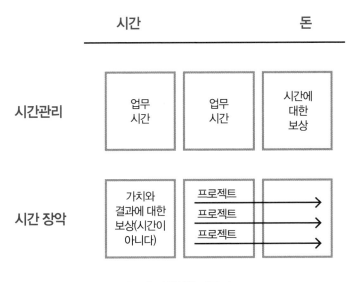

돈 버는 방법을 바꾸자.

'돈 버는 방법'의 핵심

- '돈 버는 방법을 바꾸면 삶을 바꿀 수 있다'라는 것은 보상에 관한 반가운 말이다.

- 나의 생활 방식은 돈 버는 방법, 내가 있는 장소, 업무를 어떻게 수행하는지와 직결된다.

- 역사를 돌이켜 봤을 때, 현대의 업무는 상대적으로 새로운 일자리다. 현명해지자. 가만히 앉아서 반짝이는 빛을 보고만 있는 사람들은 헤드라이트를 보다가 차에 치이는 사슴과 같다.

- 시간을 장악하는 사람들은 여럿을 위한 적은 가치보다는 한 사람을 위한 엄청난 가치를 창조해, 자신이 더 잘하는 다른 일에 집중할 엄청난 시간의 자유를 만든다.

- 기업을 위해 일하고 싶다면 업무에 시간 장악 도구를 활용해 삶을 되찾아야 한다. 업무의 종류와 상관없이, 일하는 방식은 내가 즐길 자율성에 차이를 만든다.

- 사업을 하고 있다면 시간 장악 프로젝트로 돈을 더 지불할 고객 혹은 거래처와 신뢰를 쌓아야 한다.

- 경력, 업계 혹은 프로젝트에 관해 더 배우고 싶다면, 시간을 장악하는 해결책으로서 멘토를 구해야 한다. (멘토를 얻는 것이 아니다!)

돈 버는 방법은 아주 많다. 하지만 내가 얼마를 벌든, 돈 버는 방법이 나의 생활 방식을 결정한다. 이 문장을 다시 읽고 마음에 새기자. 직장을 그만두고 사업가가 된 사람들도 일자리를 만들 때 자주 하는 실수다.

돈 버는 방법 바꾸기

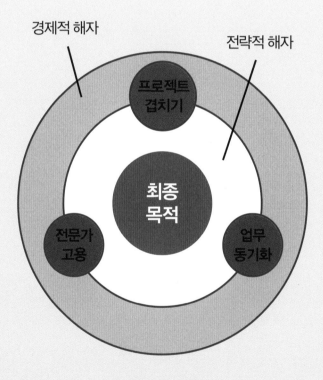

경제적 해자 구축하기

당신 차례가 왔다. 이 활동은 돈 버는 방법을 바꿔 나의 생활 방식을 바꾼다. 또, 목표를 만들기보다는 결정을 내리도록 돕는다.

1. 돈 버는 방법은 내가 선택할 수 있다. (쉽지는 않지만, 선택은 선택이다.)

2. 무엇이 예전의 생활 방식으로 사는 것을 그만두게 만들었는가?

3. 이번에는 무엇을 다르게 할 것인가?

4. 완성하고 싶은 의미 있는 업무(프로젝트)는 무엇인가?

5. 내 시간의 가치를 인정받는 데 필요한 최소한의 금액은 한 달에 얼마인가? (무제한이면 좋겠지만, 최소한의 금액을 생각해보자. 현재 수입원을 대체할 월수입은 얼마일까?)

6. 이상적인 생활 방식을 유지하려면 한 달에 '가치 상품'(물리적인 제품, 시간, 업무, 업무 시간, 고객 또는 서비스 등, 예를 들면, 전자책 100권)을 몇 개나 판매해야 할까?

7. 자신의 경제적 목표에 도달하려면 한 달에 몇 개의 상품을 팔아야 할까? 최저 목표인 월수입을 상품의 개수로 나누고, 상품의 판매 가격을 따져보자. 예를 들면 이렇다.

600만 원(목표 금액) / 전자책 100권(가치 상품의 개수) = 6만 원

6만 원이 목표 수익을 달성하기 위한 개당 가격이다.

8. 여기가 시작점이다. 필요에 따라 숫자를 변경한다. 자신의 우선순위와 생활 방식을 가운데에 놓고, 그 주위에 적합한 사업 모델을 구축하는 게 당신이 지켜야 할 원칙이다.

9. 나의 현실에 시간을 장악하는 틀을 적용하려면 어떤 선택을 내려야 할까?

10. 다음 한 페이지짜리 사업 모델 활용방안을 작성하면서 나의 돈 버는 방법을 어떻게 바꿀지 생각해보자.

사업 모델
활용방안

고객 (목적)

프로필 : 이상적인 고객은 어떤 사람인가?

_____

타깃 : 이상적인 고객이 있는 곳은 어디인가?

_____

마케팅 : 이상적인 고객에게 어떻게 다가갈 것인가?

_____

가치 (매력)

가치 제안 : 고객에게 줄 수 있는 가장 큰 장점은 무엇인가?

_____

포지셔닝 : 경쟁자와 가장 큰 차이점은 무엇인가?

배포 채널 : 자신의 장점을 어떻게 전달할 것인가?

이익 (획득)

가격 : 수익성을 최대로 높이기 위한 가격 전략은 무엇인가?

수입원 : 수익을 창출하기 위해 사용할 방법은 무엇인가?

차액 : 상품당 얼마를 남길 것인가?

(※ 차액은 '상품 판매 가격 – 상품당 원가'다)

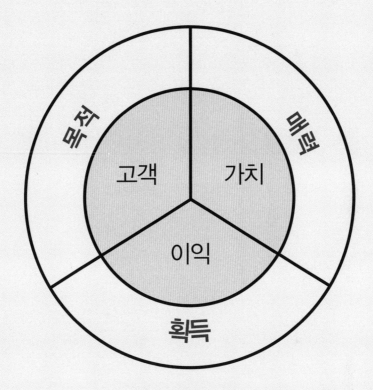

사업 모델 활용방안 도구

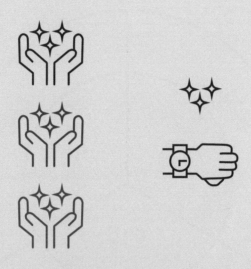

시간에 가격을 매기지 말고,
가치에 시간을 쓰자.

시간을 소중히 여겨라,
가치에 시간을 쓰자

: 원하는 일을 원하는 시간에 하기

시간관리는 해결책이 아니라고 확신한다.
사실, 문제의 일부다.

애덤 그랜트 Adam Grant, **조직 심리학자**

16살 때, 나는 직접 돈을 벌고 싶었지만 내가 살던 작은 마을에서 돈을 버는 가장 좋은 방법은 식료품점이나 주유소에서 일하거나, 농산물 품평회에서 쓰레기를 줍는 것이었다. 아버지에게 일하고 싶다고 말했더니 아버지는 이렇게 말씀하셨다.

"넌 일하고 싶은 게 아닐걸?"

나는 일하는 것이 엄청나게 책임감 있는 일이라고 생각해서 아버지에게 왜 일을 구하면 안 되는지 물었다. 아버지는 앞으로 평생 일하게 될 테니 지금 당장은 학교와 여가생활에 집중해야 한다고 말씀하셨다. 하지만 나는 직접 돈을 벌고, 쓰면서 더 많은 자유를 누리고 싶다는 말로 아버지를 설득했다. 그러자 아버지는 나에게 수박 농장에 가서 크기와 모양이 불규칙한 수박을 모두 사 오라고 하셨다. 식료품점에서 팔지 못해 어차피 버려질 수박이었다.

나는 아버지가 나에게 수박 가격을 흥정하라고 준 '종잣돈'을 들고, 동생 에릭과 함께 캘리포니아주 샌디에이고의 노스 카운티에서 출발해 엘센트로에 있는 농장으로 차를 끌고 갔다. 우리는 차 뒷좌석을 뜯어내고 그 자리에 수박을 충분히 채워서 돌아왔다.

집에 도착한 후 우리는 이웃집을 돌고 친구들의 부모님께 이상하게 생긴 수박을 팔고 있다고 알리면서, "이 수박은 가게에 있는 수박보다 싸고 맛있다"라고 덧붙였다. 7월 4일(미국 독립기념일)이 다가오자, 동생과 나는 공원에 가판대를 만들어서 주변을 걷고 있는 누구나 수박을 들어보고, 살 수 있게 했다.

수박은 모두 다 팔렸다!

에릭과 나는 여름 내내 최저 시급을 받으면서 고작 몇 시간씩 일해 벌었을 금액보다 더 많은 돈을 벌었다.

이 경험은 내 삶의 궤적을 변화시킨 전환점이었다. 시간을 돈으로 바꾸지 않아도 된다는 것을 배웠다. 일반적인 패턴 밖에서 생각해 목표를 달성하는 사고방식을 배웠다. 종잣돈이 있고 그 돈을 자유롭게 쓸 수 있는 상황이라면, 직업처럼 보이지 않는 일도 괜찮았다. 이 경험은 나에게 가족과 함께 세계를 여행하고, 아이를 양육하고, 열정적으로 프로젝트에 참여하는 것은 돈과 전혀 상관이 없다는 마음가짐을 갖게 했다.

당신에게도 큰 그림을 보고 자신의 도덕적 잣대를 만든 경험이 있을 것이다. 다른 사람이 나의 큰 그림을 보지 못함을 안타까워하자. 빠르고 관습적인 답이 눈앞에 있으면, 다른 더 좋은 해결책을 알아보기가 어렵다.

오늘날 우리가 풀고 있는 문제의 해답은 책 속에서 간단히 찾을 수 없다. 이 책에도, 인터넷에도 없다. 우리가 해결하려는 문제의 해답은 지극히 개인적이라 스스로 생각하고 행동해야 한다. 원칙들을 가르치고 사고의 확장과 문제 해결을 위한 모델을 통합하다 보면, 사람들이 해결책이 나타나길 기다리는 대신 직접 문제를 해결하도록 도울 수 있다.

당신의 삶에는 직접 혹은 온라인으로, 지나가는 예시로 당신의 멘토가 되어줄 사람들이 가득하다. 다른 사람의 이야기를 읽고 들으며 그들의 지혜와 경험을 흡수해, 나의 상황에 맞게 가치를 적용하는 방법을 찾으면 된다. 내 아버지가 나에게 직업을 갖지 않고도 돈 버는 방법을 가르친 것처럼 말이다.

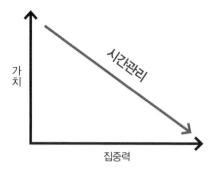

업무와 삶의 가치가 조화를 이루지 못하는 시간관리

전통적인 시간관리는 개인의 가치를 무시해 최고의 가치와 우선순위에 집중하지 못하게 만든다. 심지어 종종 효율과 유효성을 잘못 측정해서, 제일 가치 없는 프로젝트에 엄청난 시간을 쓰게 만든다. 이로써 일과 삶을 모두 휘저어 평범하게 만든다.

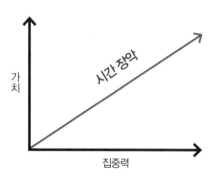

업무와 삶의 가치가 조화를 이루는 시간 장악

시간을 장악하는 사람들은 가장 높은 가치와 가장 우선하는 우선순위에 가장 많은 집중력을 쏟는 방법으로 일을 한다.

내일을 위한
시멘트 길 만들기

나는 세계 제일의 임원 코치 마셜 골드스미스Marshall Goldsmith에게 특히 혼란한 요즘 같은 시기에 직장과 가정이 서로의 만족도에 얼마나 영향을 미치는지 물었다. 마셜이 말했다. "우리는 사람들이 직장과 가정에서 어떻게 해야 만족하며 생활할지 연구합니다. 그리고 끔찍한 직장 생활을 하는 사람은 집에서도 비슷한 경향을 보인다는 것을 알아냈습니다. 이것은 삶에 접근하는 방식 그 자체이기 때문입니다."

반대로, 직장과 가정에서 만족하는 사람은 "회사가 행복하게 해주길 기다리지 않고" 직장 혹은 가정에서 "스스로 행복해질 방법"을 찾는다. 사람들은 직장이나 가정에서 희생자가 되려는 습관이 있다. 그는 이렇게 묻는 게 중요하다고 말했다.

"내가 무엇에 책임져야 할까?" 내가 모두의 문제를 해결할 필요는 없지만, 나 자신의 문제는 확실히 다뤄야 한다.

결과에 자존심을 걸면 안 된다. 결과는 많은 요소로 나오는 것이기 때문에, 어떤 것은 통제할 수 있지만 어떤 것은 통제할 수 없다. 자신이 바꿀 수 없는 것은 내버려 둬야 한다. 과거는 흘려보내고, 내 앞에 있는 것에 집중하라. 계획을 세우고, 실행하고, 최선을 다하자. 그리고 그 과정을 반복하면 된다.

마셜은 업무와 삶 사이의 만족도에 관한 연구로 직장에서의 전체적인 만족도는 직원의 행복과 의미 있는 경험이 모두 동시에 증가했을 때만 올라간다는 사실을 알아냈다. 이것은 직장인들이 회사에서 '순교자'가 되거나, '단순히 재미있다'라는 이유로는 만족감을 얻지 못한다는 것을 뜻한다. 기업들은 소통을 줄여 직원들이 더 큰 목적을 위해 희생하도록 한다. 또 진정한 목적을 방해하는 '재미있는' 분위기를 형성하는 일들을 없애고 싶어 한다.

마셜은 더 단기적인 만족감을 주는 직장 밖의 활동에 많은 시간을 쓰는 사람이 전체적인 만족도도 높으리라고 짐작했다. 무엇보다, 이런 사람들은 가정에서 의미를 찾기보다 쉬기를 바란다고 생각했다.

틀린 가설이었다. 행복, 의미, 직장과 가정에서 전체적인 만족도의 상관관계는 매우 비슷하다. 직장 밖의 삶에 더 만족하는 사람이 행복과 의미를 모두 만드는 활동에 더 많은 시간을 소비한다고 답했다.

"개인적, 직업적 자존심을 위해 순교자가 될 필요는 없다."

겸손해져라. 그리고 가치관을 따르는 삶에 자신의 시간을 조화시켜야 한다. 내가 하는 일에서 비롯되는 내가 원하는 생활 방식을 비밀로 간직하지 말자. 지금 바로 그 꿈을 자신의 사업 모델에 녹이자. '언젠가' 자신의 가치관에 맞춰 살 준비를 하는 데 삶을 낭비하지 말자. '나의 꿈'은 목표를 바탕으로 하는가?

최종 목적의 삶의 질이라는 관점으로 살면, 모든 일에 접근하는 방식이 달라져 더 큰 성취, 기여, 성공에 도달할 수 있다. 가치는 목적과 떼어놓을 수 없다.

창립자, 관리자 혹은 리더에게 어려운 것 중 하나는 지속적인 성장을 방해하는 병목현상이 생겼을 때도 사업을 키워야 한다는 것이다. 병목현상은 설계, 체납 혹은 부담으로 생긴다. 사업 규모를 확장하고 싶다면 불필요하거나 선제적이거나 부담스러운 비용을 들이지 않고, 자신의 가치를 녹여 시작할 때부터 규모에 맞게 구축하는 것이 합리적이다. 처음부터 궁극적인 결과를 내는 운영 방식을 원한다면, 최선의 가치를 만드는 절차를 '목 없는 병'처럼 만들면 된다.

부정적인 방향이라는 것을 알고도 계속 잘못된 길로 가는 어리석음은 '자존심'이라고 부르고, 틀렸을 때 어렵지만 돌아서서 바른길로 향하는 자세를 '겸손'이라고 한다.

병목현상이 없다면 무엇을 할 것인가? 그것을 하자.

자신이 시간을 장악하는 사업가든, 임원이든, 직원이든 아니면 일상에 시간 장악의 기술을 사용하든, 오늘 내가 하는 일이 내일 사용할 단단한 시멘트 길을 만든다. 시멘트 길(일하는 방식, 루틴, 취미, 절차, 정치, 순서)을 그렇지 않은 다른 길(자신의 생활 방식, 가족과의 시간, 초월적 목표, 자유, 자율성)로 전환하는 일은 비용이 많이 들고, 때로는 불가능하다. 좋지 않은 상황에서 벗어나게 해주는 최고의 출구 전략은 절대로 벗어나고 싶지 않지만, 당신이 원할 때는 망설이지 않고 벗어날 수 있는 무언가를 만드는 것이다.

내일이 아니라,
오늘 자유를 선사하라

연봉으로 3억을 받는 바쁜 기업 임원 한 명이 나에게 연락했다. 그는 시간 제약을 다루지 못해 아이들이 커가는 동안 자신의 시간이 사라지고 있다고 했다. 더 많은 자유가 필요했다. 돈도 중요하지만, 시간이 없다면 다 무슨 소용일까?

그는 회사를 떠나 2곳에 헬스클럽을 열고 싶어 했다.

내가 말했다. "좋습니다. 아주 많은 돈을 벌 수 있겠군요. 그런데 당신이 생각하는 자유는 밤에 침대에 누워서 눈을 뜬 채로 헬스장 문을 제대로 잠갔는지 궁금해하는 건가요?"

나는 이어서 말했다. "당신은 5년 뒤 18살이 될 13살 아이와 함께 보낼 자유 시간을 원하겠죠. 5년 후면 마침내 고된 일에서 벗어날 수 있다고 생각할 겁니다. 하지만 그사이에 당신의 아이는 자라서 떠날 거예요. 내일이 아닌 오늘의 나에게 자유를 선사할 사업이 맞습니까?"

그는 관리자와 팀을 고용해 헬스장 운영을 외주화하지 않으면 자신의 다음 직장으로 적합하지 않다는 사실을 깨달았지만, 자신이 하나하나 전부 관리하고 싶어 했다. 지속적인 자율성과 시간의 자유를 만들 때는 '내가 무엇을 하는지'보다 '어떻게 하는지'가 더 중요하다.

많은 사람이 모호한 상태를 유지하면서 해결책을 찾지 않고, 비생산적이고 일관적이지 않은 방식으로 일하고 있다. 사람들은 무엇이든 원하는 꿈을 선택할 수 있고, 그것을 위해 밤낮으로 일할 수 있다. 하지만 꿈을 이룰 수 없게 일하면서 "이 일이 내 꿈을 이뤄줄 거야"라며 자신을 속이지는 말자. 인생의 대부분은 완전히 우리의 통제를 벗어나 있다. 하지만 시간 장악의 기술은 주어진 환경에서 내가 어떻게 보이고 싶은지 선택하도록 돕는다.

> " 미래에 내가 바라는 모습이 되는 방법은,
> 현재 그렇게 되는 것이다. "

되고자 하기 전에, 되자.

꿈을 기피하는 사람Dream Dodger이 되지 말자. 서핑에서 '베럴 기피자Barrel Dodger'는 베럴(머리 위로 솟아오르는 원통형 파도), 즉 무서운 파도를 피하는 사람을 말한다. 마찬가지로, 꿈같은 삶을 준비해놓고도 가장 중요한 순간에 뛰어들지 않고 외면하는 사람이 있다. 꿈을 이루기 위해 시간을 당기고, 압축하고, 추가하자. 헛된 희망을 피하려면,

그 빈자리를 올바른 활동으로 채워야 한다.

당신의 삶은 통근, 업무, 식사, 인터넷 서핑, 수면, TV 시청보다 나은 일들로 채워져야 한다. 당신의 삶은 생활에 열정, 흥분, 에너지, 그리고 진정한 의미와 즐거움을 가져올 목적을 지향하는 경험과 프로젝트들로 채워져야 한다.

수학적 사고방식으로
수익 올리기

자신의 해결책에서 자신이 문제가 되지 말자. 나에게서 한 발짝 떨어져 객관적으로 물어보자.

"어떻게 해야 내가 원하지 않는 일은 하지 않으면서 내가 바라는 결과를 얻을까?"

해결책은 나에게 맞고 적합하다고 생각하는 방식으로 유연하게 만들어야 한다. 우리의 사고방식은 계산기 같지만, 이성적으로 계산하지는 않는다. 나에게 가능한 것과 불가능한 것을 생각해야 한다. 문제를 풀 수 없다고 생각하면 해결은 시도조차 할 수 없다.

"나는 할 수 없어"라고 말하는 대신, 수학적 사고방식으로 생각하자. 자신에게 이렇게 물어보자.

"어떻게 해야 Z시간까지 Y가 일어나지 않으면서 X를 할 수 있을까?"

수학적으로 생각하면 패턴, 관계 그리고 무엇을 바꿔야 할지 분석하는 데 도움이 된다. 당장 해답을 얻지 못해도 수학적 사고방식을 바탕으로 질문을 하면 마음에 해결을 위한 여유가 생긴다. 조깅, 설거지, 샤워 등등을 하다가 혹은 기차에서 문득 해답이 떠오른 적이 있지 않은가? 우리의 뇌는 슬그머니 뒤에서도 일하고 있다.

더 좋은 질문으로 시간을 장악하려는 당신의 두뇌를 자극하자. 수학적 질문들은 "내가 할 수 없는 이유는…"라고 물어, 문제 해결에 더 효과적이다.

자존심은 상하지 않고 문제를 해결하려고 하면서 왜 창의적인 사고방식을 하지 않는가? 당신은 당신이 생각하는 것보다 똑똑하며, 당신의 두뇌는 복잡한 문제를 명쾌하고 간단하며 현실적인 방법으로 해결할 능력이 있다.

생각을 열어 더 훌륭한 결과를 만드는 새로운 인풋을 받아들이고, 더 나은 질문을 하자. 단순함을 유지하기란 절대 단순하지 않다. 간단한 해결책은 아주 뛰어난 사고가 필요하다. 자신의 두뇌에 해야 할 일을 말하는 대신 생각할 여유를 주고 있는가?

나만의 도시를 건설하자

문제는 고리타분한 오프라인 소매 방식, 세세한 관리(마이크로매니징), 일 중심의 삶 같은 사고방식으로 우리가 주위에 건설한 도시다. 말 그대로, 이 도시들은 3단계 모델로 구축됐다.

1. 이곳은 사람들이 일할 장소다.
2. 이곳은 직장 주변에 사람들이 사는 장소다.
3. 이곳은 사람들이 통근하는 출퇴근길이다.

오늘날 우리는 더 이상 이런 방식으로 살지 않아도 된다. 오프라인 소매 방식은 구식이 됐다. 단순해지자. 당신은 원하는 곳에서 살고, 원하는 위치에서 일하는 세상에 있지 않은가?

사무실의 컴퓨터 화면 앞에 앉아서 오전 9시부터 오후 6시까지 일한다는 개념은 어쩌면 창의적이고 혁신적인 아이디어를 막는 최악의 업무 환경일 수도 있다. 부품을 만드는 업계에서는 통할까? 그럴지도.

하지만 당신의 사업 모델이 아니라면 원격 근무를 왜 싫어하는지 다시 생각해야 한다. 내가 고용주라면 온종일 원격으로 일하는 직원을 왜 싫어하는지 다시 생각해보라.

자신이 누구인지 알고 기꺼이 나를 위해 싸울 때 미래를 보장할 수 있다. 경제적으로 윤택해지기 위해 꼭 당신의 삶의 방식을 희생할 필요는 없다. 사이드 프로젝트를 선택한다면, 처리하거나 위임할 수 있는 여러 작업을 맡을 수 있어 계약직 업무가 좋을 수도 있다. 당신은 칸막이의 제약에서 벗어나 자유를 얻을 수도 있다.

원격 근무가 가능한 기업을 찾거나 상관과 이야기해보자. 일하는 방식을 바꾸면 일하는 수준이 달라진다. '내 일'이니까 당연하다. 산 꼭대기나 바다 한가운데의 배 위에서 스마트폰으로 일할 수도 있다.

1명을 위한
엄청난 가치를 만들어라

테슬라가 기존의 1억이 넘는 모델들과 비교해 가격이 엄청나게 낮아진 4,000만 원대 자동차를 발표했을 때 사람들은 의아해했다. 테슬라는 왜 그렇게 극적으로 가격을 내렸을까? 겉으로 보기에 이 결정은 일반적인 상식과는 반대로 느껴졌다.

대개 사람들은 저렴한 것부터 시작해 결국 고급스러운 것에 관심을 갖는다. 하지만, 몇 년 전에 일론 머스크는 직접 이런 글을 썼다.

최선책은 이렇다

1. 스포츠카를 만든다.
2. 그 돈으로 사람들이 살 만한 차를 만든다.
3. 그 돈으로 사람들이 더 살 만한 차를 만든다.
4. 위 과정을 진행하면서 무공해 전기 엔진 옵션도 제공한다.
5. 아무한테도 말하지 말 것

머스크는 싼 제품을 대량으로 만드는 대신 고가의 차량을 소수의 사람에게 팔았고, 그 돈으로 다수의 사람에게 저가의 제품을 제공했다. 그리고 그 고가의 차량으로 사람들/팬들에게 주목받고, 고급스러우며, 갖고 싶다는 이미지를 만들었다.

그렇게 인내심을 갖고 브랜드 평판을 쌓은 뒤, 모두가 테슬라에서 생산한 차를 갖고 싶어 할 때 저가 모델을 출시했다.

'테슬라 모델3'가 나왔을 때 이미 비슷한 가격의 전기차가 아주 많이 있었다는 사실을 알고 있는가? 분명한 것은, 현재 그 차들을 원하는 사람은 아무도 없다는 것이다.

머스크는 말했다. "피드백 과정을 매우 중요하게 생각합니다. 자신이 무엇을 했는지 그리고 어떻게 하면 더 잘했을지 계속 생각합니다."

많은 사업가가 소수의 사람에게 저렴한 상품을 제공하고 나중에 왜 자신이 '현금 유동성 문제'로 실패하게 됐는지 궁금해한다.

크게 놀자. 100만 원을 지불하는 한 명의 고객을 위해 일하는 게 10만 원을 지불하는 10명의 고객을 위해 일하는 것보다 낫다. 하지만 대부분의 사업가가 이렇게 하지 않는다. 대신 푼돈을 위해 미친 듯이 일만 한다! 왜? 무서워서. 이들은 경기를 길게 보고 담장을 넘길 생각으로 배트를 휘두르지 않는다.

여러 사람을 위해 최소한의 가치를 창출하는 것보다 한 사람을 위해 엄청난 가치를 만들 때 일을 더 잘하게 된다. 그리고 다른 일에 전념할 수 있는 커다란 시간의 자유도 얻는다.

지금 당장 할 수 있다. 모든 일은 머릿속에서 시작된다. 하지만 머릿속에서 일어나는 일들이 나의 현실을 좌우한다. 당신은 경기를 길게 보고 담장을 넘길 생각으로 배트를 휘두를 배짱이 있는가? 이에 관한 간단한 공식은 다음과 같다.

고가의 상품을 제안한다.
그 돈을 사용해 또 다른 고가의 상품을 제안한다.
또, 그 돈을 사용해 또 다른 고가의 상품을 제안한다.

나에게 잠재적 고객 백 명이 있다면, 가장 큰 제안을 좋아할 1~5명을 목표로 하라. 나머지 95~99명에게 판매하는 것은 일단 잊자. 이게 사람들이 좋아한 머스크의 방식이다. 동시에, 무료 제안으로 고가의 가치를 구매할 준비가 되지 않은 95~99명과도 이메일, 커뮤니티 활동, 사회적 영향 등으로 관계를 잘 형성해, 나와 더 깊은 단계에서 함께 일할 준비를 하게 만든다.

한 번 발동이 걸리면 생각보다 큰 힘이 생긴다. 당신은 더 많은 자유를 얻어 (만약 당신이 그러기로 한다면) 저가의 상품을 확장하는 데 집중할 수도 있다. 첫 번째는 자유, 영향력, 충격이고, 그다음이 확장이다. 아니면 하던 방식대로 계속해도 된다.

모든 기술을 갖출 필요는 없다

우리는 높은 수준의 업무를 수행하면서 가정과 여가생활에서 개인의 역할도 충분히 즐기고 싶어 한다. 일을 잘하는 사람들이 필요한 모든 기술을 가진 것은 아니다. 이들은 자신이 하고 싶은 일은 안고 가면서 하고 싶지 않거나, 못 하는 일은 전문가에게 맡긴다. 돈 버는 방법을 바꾸고, 가치관에 따라 생활한다.

모든 걸 직접 할 수 있다고 해도, 해야 할 이유가 뭘까? 가장 좋은 방법이 혼자서 100% 다 하는 것이라면 그렇게 하면 된다. 당장 주변을 둘러보자. 무엇이 보이는가? 주변의 모두는 청사진을 그린 누군가에게 고용돼 있다. 당신도 할 수 있다.

우선순위를 실행하는 것은 우선순위를 선정하는 것과는 다르다. 머릿속에 우선순위가 잘 정돈돼 있어도 실행할 때는 뒤죽박죽이 된다. 백만장자가 의자에 묶여 있는 건 그들의 사업 모델이 회전하는 의자 주위로 돌고 있기 때문이다. 우선순위대로 살고 싶은가? '무엇'이 아니라 '언제' 우선순위를 처리할지가 중요하다. 실시간으로 우선순위를 지켜보자.

· · · · · · ·

캐머런 맨워링은 이혼 때문에 수십억 가치로 성장하는 기업에서 조심스럽게 발을 떼고 있었다. 그는 두려웠다. 수년간의 경험과 과정을 잃은 기분이었다. 나는 스티븐 M. R. 코비가 가르쳐준 경험의 원칙을 캐머런에게 공유했다.

"누군가 20년의 경험을 가졌다고 말하는 것은 현실에서 1년의 경험을 20번 반복한 것뿐이다."

캐머런이 말했다. "그 순간, 내 인생의 수년을 나쁜 사업이나 나쁜 관계로 '날렸다'라는 공포가 사라졌습니다."

바른 마음가짐으로 집중하면 2년 안에 20년의 경험을 얻을 수 있다는 자신감도 생겼다. 그 후로는 거기에 맞춰 시간을 정돈했다. 절대로 자신을 '바쁘게' 만들지 않고, 결과와 결실에 집중했다.

"그러자 삶의 방향이 빠르게 바뀌었습니다! 지금은 결혼해서 예쁜 아이를 둘이나 낳았고, 작년에는 이전 기업에서 처음 5년 동안 벌었던 것보다 더 많은 개인 수입을 창출했죠."

나의 시간에 가격을 매기지 말자. 가치를 위해 시간을 쓰는 것은 나이나 환경과는 무관하다. 선택과 결정(의지)의 문제다.

'가치에 시간 쓰기'의 핵심

- 내가 좋아하는 업무를 선택한다.
- 완전히 독립적으로 프로젝트를 시작한다.
- 프로젝트를 확실한 날짜에 완성하는 데 도움을 주고 함께 일하고 싶은 영향력 있는 사람이나 조직을 초대한다.
- 성공적인 프로젝트 위주로 돈 되는 사업 모델을 구축하고 나의 가치를 통합한다.

당신은 주변 환경에 상관없이 자신만의 문법으로 돈, 의미, 자유를 창조해 생활할 수 있다. 월급 외 수익 100만 원을 만들기 위해 1,000

원짜리 상품 여러 개를 파는 것은 100만 원짜리 제품 하나를 파는 것과 생활 방식에서 차이가 난다.

목표에 도달하기 위해 내가 편안한 영역 밖으로 나오는 게 아니다. 목표가 편안하게 안으로 들어올 때까지 나의 편안한 영역을 넓히자.

가치에 시간을 사용하는 법

이 활동은 우선순위와 업무를 다시 정하고, 즐거운 삶을 살려면 어떻게 가치 있게 시간을 사용할지 성찰하는 데 도움이 될 것이다.

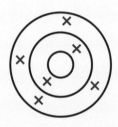

목표에 도달하기 위해 나의 편안한 영역에서 벗어나지 말자.

목표가 편안하게 안으로 들어올 때까지 나의 편안한 영역을 넓힌다.

1. 자신의 가치관에 맞춰 시간과 돈을 정돈하기 위해 무엇을 할 것인가? 나와 주변 사람들에게 다음 질문을 전부 적용하기는 힘들겠지만, 각각의 방법을 생각해보자.

- 아침에 몇 시에 일어나는가? 이유는?

- 집에 몇 시에 돌아오는가? 이유는?

- 어떤 일이나 시간을 타인에게 허락받은 적이 있는가? 이유는?

- 직장을 바꾼 후 생활 방식이 전혀 바뀌지 않았는가? 이유는?

- 어디에 살고 있는가? 이유는?

- 휴가는 언제 가는가? 이유는?

- 월요일이 싫은가, 아니면 다른 평일과 똑같이 느껴지는가? 이유는?

- 월요일에서 금요일, 오전 9시부터 오후 6시까지 누구와 함께 있는가? 이유는?

- 주말에 쉴 수 있는가? 주말이 좋은가? 힘든가? 이유는?

2. 이 질문들은 모두 내가 일하는 방식과 (얼마를 받는지가 아니라) 돈 버는 방법과 연관이 있다. 시간 장악은 배울 만한 기술이다.

3. 질문을 다시 훑어보고, 무엇을 하면 좋을지 자신에게 물어보자. 그 일들이 정돈되는 지점이 내가 정돈되는 곳이다. 정리되지 않는다면, 오늘 해야 할 목록을 훑어보자. 결정은 내가 내리면 된다.

4. 바꾸고 싶은 무언가가 있다면, 거기에 감정을 이입하지 말자. 현재 맡은 책임을 모두 완수하면서 어떻게 바꿀 수 있을지 스스로

물어보자.

5. 더 나은 삶을 위해 삶에 합치고 싶은 가치를 한 가지 선택한다.

6. 이제, 시간을 장악하자!

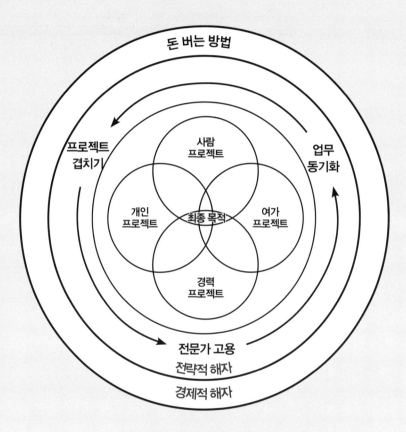

시간 장악으로 가치에 시간을 쓰는 방법

완벽하지 않아도 좋다, 다양하게 도전하라!

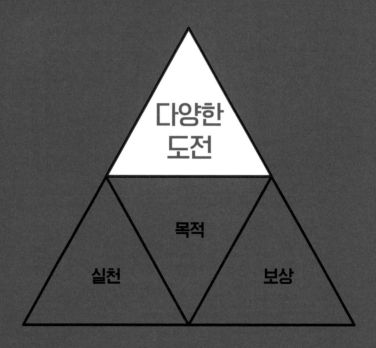

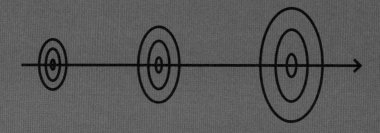

목표, 취미, 강점을 추구하지 말고
초월하라.

작은
투자

창조

큰
결과

작은 투자로 큰 결과를 만드는
프리즘 생산성

프리즘처럼 작은 투자로 큰 결과 만들기

: 작은 투자로 큰 결과를 만드는 선택

내 삶의 임무는 단지 생존하는 게 아니라 번영하는 것이다.
여기에 약간의 열정, 약간의 연민, 약간의 유머,
그리고 약간의 스타일을 더해야 한다.

마야 안젤루 Maya Angelou**, 미국의 가장 영향력 있는 흑인 여성 중 한 명**

브라이스와 넬리 위르겐스마이어는 우리 아이들이 어렸을 때 몇 달 동안 함께 가족 여행을 간 적이 있다. 우리는 즉흥 여행을 떠나 유타의 로키 산맥부터 멕시코의 해변, 캐나다의 절경을 보고 돌아왔다. 한 행사에서 브라이스의 이야기를 들은 얼마 뒤 두 사람을 다시 만났을 때 브라이스는 직장을 그만두기 위해 협상 중이었고, 넬리는 자신의 일자리를 유지하고 싶어 했다. 두 사람은 우리처럼 여행하면서 돈도 벌고 싶어 했다. 그리고 언젠가 아이가 생기면 함께 모험을 떠나는 것을 꿈꿨다.

우리는 어떻게 그것들이 가능한지 보여주기 위해 기꺼이 두 사람을 초대했다. 여행하는 동안 브라이스가 어떻게 하면 사장과 좋은 관계를 유지하면서 직장을 나올 수 있을지 아이디어를 공유했고, 그는 해냈다. 넬리는 어떻게 원격 근무를 할지 아이디어를 공유했고, 그녀는 해냈다. 우리는 아주 즐겁게 여행했고, 돈도 벌었고, 새로운 기회도 만들었다.

브라이스가 말했다. "당신과 만나 나눴던 한 번의 대화로 제가 다른 사람과 많은 돈을 버는 거래와 원칙을 이미 알고 있음을 깨달았어요."

질문을 바꾸면 인생이 바뀐다. 유튜브에 여행 영상을 올리기 시작한 지 6년이 된 지금 두 사람은 옐로우스톤 외곽에 레저용 자동차 공원을 소유해 운영 중이다. 그리고 이곳을 개발하는 동시에 홍보용 영상도 만들어 일하는 시간을 두 배, 세 배로 활용한다. 그리고 그들은 쉬고 싶을 때는 함께 쉰다.

예전에는 다른 사람에게 100만 원짜리 청구서를 내밀면 이상한 기분이 들었는데, 이제 한 기업과 3억짜리 계약서에 사인할 예정이다. 현재 두 사람은 레저용 자동차에서 두 딸과 함께 생활하고 있다.

나에게 두 사람은 프리즘 생산성을 보여주는 놀라운 사례다. 두 사람은 '작은 투자로 큰 결과'를 도출했다. 두 사람이 모든 생각을 실천

했다는 사실이 중요하다. 우리가 얻는 모든 아이디어, 책, 영상, 멘토링, 충고는 행동하지 않으면 가치가 없다.

'프리즘 생산성'이란 내 결과를 타인과 공유해 그들도 같은 일을 해내도록 돕는 것이다. 삶과 업무, 사업은 고정된 생각에 의존해서는 안된다. 우리는 반드시 생각을 키워 기회를 확장하고, 능력을 최고로 발휘해야 한다. 그리고 그 과정에서 다른 사람과 방법을 공유함으로써 변화의 촉매제가 되어야 한다.

> 66
>
> 나의 시간을 장악하고,
>
> 다른 사람도 시간을 장악하도록 영감을 주자. 99

올바른 지도 선택하기

캘리포니아는 수 세기 동안 섬으로 알려졌다. 나는 놀라지 않았다. 알래스카가 하와이 근처에 있는 섬이라고 말하는 청소년을 만나본 적도 있다. 알래스카가 하와이 옆에 섬으로 분명하게 표시된 지도를 보기 전까지는 혼란스러웠다. 중국에 가면 중국이 가운데에 있는 지도를 볼 수 있고, 유럽에 가면 유럽이 가운데에 있는 지도를 찾을 수 있다. 우리는 우리가 지도를 보고 해석하는 것처럼 세상을 보고, 행동하고, 교류한다. 우리가 사용하는 나침반은 우리가 추구하는 지도에 따라 달라진다. 그래서 올바른 지도를 구해야 한다.

우리는 각자의 지도 중심에 살고 있다. 그 지도는 현재 내가 어디에 있고 우회로는 어디에 있는지, 모든 것을 판단하는 데 영향을 준다. 앞으로 나아가려면 먼저 자신의 위치를 가늠하고 어느 길로 가야 하는지, 어떤 방향으로 삶을 이끌어가고 싶은지 방향을 다시 정해야 한다. 잘못된 지도를 보고 다시 길을 찾는 건 헛수고다. 나침반이 자신을 가리키고 있다면 멀리 가지 못한다.

시간을 장악하는 사람들은 지도를 보고 목적지로 향한다. 뮤지컬 〈왕과 나The King and I〉에서 안나는 시암(태국의 옛 이름)의 아이들에게 새로운 지도를 보여주면서 '너를 알아가기Getting to Know You'라는 노래를 시작한다. 현대의 지도에는 시암이 아주 작게 나와 있다. 안나는 자신과 전혀 다른 아이들과 소통하려고 노력하던 중, 영국이 훨씬 더 작다고 말한다. 아이들은 불신을 드러내며 "시암은 그렇게 작지 않아!"라고 외친다. 안나가 보여준 새로운 지도로 아이들의 정체성은 시험받고, 변한다.

정체성은 내가 깨닫지 못하는 사이에 변할 수도 있지만, 세상을 보는 방식에 영향을 주는 새로운 지도는 모든 것에 의문을 갖게 할 것이다. 자율성은 자율성이 없는 사람의 정체성을 뒤흔든다. 자신의 에너지로 더 많은 시간과 돈을 만들면 새로운 지도가 열리고, 새로운 환경과 새로운 행동 방식에는 모험과 변화가 뒤따른다. 시간을 장악하는 사람들은 시간의 보물 지도를 보고 행동한다. 단지, X자 표시가 된 장소가 멀리 떨어진 곳이 아니라, 현재 자신이 서 있는 곳일 뿐이다.

지도 말고도 세상을 보는 방법은 많다. 많은 프로그램과 전문가들은 만화경을 통해 세상을 현실이 아닌 판타지로 왜곡해 보여주기도 한다. 시간을 장악하는 사람들은 프리즘 생산성이라는 렌즈로 자신의 세계관과 에너지를 명확하게 하고, 긍정적 가능성이 있는 프리즘으로 세상을 보는 방식을 바꾼다. 작은 일로 큰 결과를 만들어 내가 가진 짧은 시간을 영광스럽게 만들고, 영향력 있는 삶을 살자.

더 많은 기회를 주는 프리즘 생산성

프리즘 생산성은 작은 투자로 큰 결과를 창조했을 때 생겨난다. 프리즘 생산성은 시간을 중심으로 업무에 고도로 집중하고 결과를 지향하는 활동으로, 업무와 삶의 균형을 깨트려 기회를 다양하게 해 시간을 완벽히 장악할 수 있게 한다.

시간을 장악하는 틀은 아주 작은 인풋을 프리즘으로 펼쳐 거대한 결과를 내게 만든다.

프리즘 생산성은 초인적 생산성을 내는 사람들이 아주 많은 일을 해내면서 시간도 남기는 방법이다. 한쪽 면에 한 줄기의 하얀 빛이 들어가면 다른 면에 여러 가지 색의 배열이 굴절돼 나타나는 프리즘을 떠올려보라. 프리즘 생산성은 햄스터 쳇바퀴를 벗어나는 방법이지만, 쳇바퀴는 계속 돌아가게 만든다.

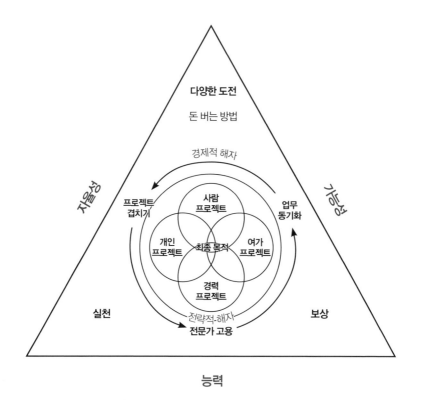

시간을 장악하는 틀

나는 한 임원 코치에게 이런 메시지를 받았다. "거대한 햄스터 쳇바퀴에서 뛰어내려 도망가고 싶었지만, 마지막 순간에 계속 망설이거나 다른 일이 생겨 그대로 머물렀습니다."

많은 사람이 이와 비슷한 감정을 느낀다. 항상 발을 구르지만, 절대 앞으로 나아가지 않으며 탈출구도 없다.

삶이 얼마나 연약한지 깨달으면 작은 일을 크고, 중요하게 생각하게 된다. '프리즘 사고방식'은 아내와 내가 처남 개빈과 아들 개빈을 잃고 시간을 장악하기 위해 노력할 때 중요한 역할을 했다.

'시간에 맞추는' 일이 항상 생산적인 결과와 직접 연결되는 것은 아니다. 시간과 돈 사이의 정반대되는 관계를 발견하고 작은 실천으로 크고 비대칭적인 결과를 만드는 기술은 현재와 미래의 활용 가능한 시간, 돈 그리고 기회를 더 만들어낸다.

기회를 더 잃게 된다 → 생산성이 없으면 일을 많이 하게 된다.

기회를 더 많이 얻는다 → 적게 일하며 초인적인 생산성을 발휘한다.

열심히 일하는 것과 똑똑하게 일하는 것을 비교하는 게 아니라, 내 삶이 큰 영향력을 만들고 적은 시간을 명예롭게 쓰는 방법이다. 프리즘 생산성은 내가 있는 곳에서 내가 원하는 곳으로 갈 때 필요한, 작지만 핵심적이고, 놓치기 쉬운 변화를 만든다.

프리즘 생산성의 놀라운 사례

시간 장악은 목표를 세 가지로 나눠 프리즘 생산성을 만드는 선택을 가르쳐준다. 우선순위(성), 실천(전략적 해자), 그리고 보상(경제적 해자)이다.

시간 장악의 종합판인 프리즘 생산성은 시간을 되찾게 하고, 결과의 혁신을 가속하고, 확장한다. 세계 최고 수준으로 성공한 사람들은 이런 마음가짐으로 시작한다. (1) 내가 가고 싶은 곳에서 (2) 삶을 원하는 방향으로 이끄는 환경을 만들고 (3) 나의 가치관을 바탕으로 돈 버는 방법을 만든다. 그리고 자신이 만들어낸 가치를 성장시켜 이 삶의 방식을 확장한다.

사례 1. 기본에 집중한 베스트셀러 작가

에비 존스는 어린이책이 쓰고 싶어졌고, 그래서 썼다. 그리고 사람들이 자신만의 마법 같은 이야기를 글로 쓰는 것을 돕고 싶어져서, 그렇게 했다. 자신이 존중하는 사람들을 위해 어린이책 쓰는 일에 소명을 느꼈고, 또 그렇게 했다.

독일계 베트남인인 에비는 〈USA 투데이〉와 〈월스트리트 저널〉의 베스트셀러 작가이자 수상 경력이 있는 작가로, 워싱턴 DC 근처에서 남편과 두 아들과 함께 살고 있다. 그녀는 자신이 어떤 강력한 개념에 따라 집필 경력을 쌓은 덕분에 여기까지 올 수 있었다고 말한다.

그녀가 말했다. "방해물은 피하고 목표를 향해 실천하는 데 집중해요. 저는 지금 50권 이상의 어린이책을 썼어요. 그리고 이 책들을 쓰는 동안 용기가 무슨 의미인지 이해하게 됐죠. 자신감을 가지려면 용기가 필요해요. 그리고 용기를 보여주려면 자신감이 있어야 해요."

에비가 쓴 어린이책 중에는 이런 내용이 나온다.

"내가 느낄 수 있는 최악의 감정은 아무 행동도 하지 않아서 느끼는 무거운 후회다. 실천의 무게가 온스ounce라면, 후회의 무게는 톤ton이다. 지금부터 10년 뒤, 자신이 무엇을 해왔기를 바라는가?"

살면서 나중에 후회하고 싶지 않은 마음을 떠올리면 무언가 실천하는 데 항상 동기부여가 된다. 목표로 향하는 첫걸음이다.

에비는 가족과 더 많은 시간을 보내려면, 사업의 기본에 온전히 집중하고 실천해야 한다는 간단한 사실을 깨달았다. 그리고 나중에 후회하지 않으려는 의지와 약간의 용기를 더하면, 장애물을 넘어 목표를 향해 한 걸음씩 나아갈 수 있다고 믿었다.

사례 2. 고소득 직장을 그만두고 새로운 시도를 한 사람

레이먼 레이는 유엔에서 10년 넘게 일했다. 유엔은 보수가 좋은 일자리였고 경제적으로 부족함 없이 가족을 돌볼 수 있었지만, 그는 그 이상을 갈망했다. 동시에 그게 어떤 모습인지는 확신하지 못했다. 하지만 레이먼은 자신이 규칙을 바꾸고 선 밖으로 색칠하기를 좋아하는 사람임을 알고 있었다. 결국, 그는 해고를 당했고 종일 사업에 매달렸다.

레이먼이 말했다. "꿈꾸고 실천하는 모든 일이 한 사람에게 큰 타격을 줄 수 있습니다. 낙천적으로 헤쳐나가려고 노력하지만, 과거의 실수에 연연하고 이루지 못한 목표와 내가 생각했던 곳과 지금 있는 장소를 비교하며 스스로 고통스럽게 만듭니다." 정말로, 삶은 혼란스럽다.

그 이후, 레이먼은 지금까지 4개의 회사를 차렸고 그중 두 개를 매각했다. 그리고 기술 업계 대형 브랜드 고객들의 행사에서 강연하고, 콘텐츠를 제작하며 꾸준히 흐름을 만들었다. 열심히 일했고, 업무를 우선시하며 성취감도 느꼈다.

그가 말했다. "며칠 정도는 자유롭게 가족, 친구들과 보낼 수 있게 됐습니다. 교회에 가서 며칠 동안 프로젝트를 하며 다른 사람을 도울 수도 있어요. 그리고 새로운 프로젝트를 실험하고 즐길 수도 있습니다."

이것뿐만이 아니다. 레이먼은 백악관에 초청돼 유명 인사들과 무대에 올랐고, 미국의 대통령을 인터뷰했다. 〈샤크 탱크〉(기업가들이 투자를 따내기 위해 다섯 명의 백만장자에게 사업 설명을 하는 미국의 프로그램)에 나오는 '5명의 상어'(백만장자 5명)도 모두 인터뷰했다.

집중력의
우선순위를 정하라

우주로 간 우주 비행사는 세상을 다르게 볼 뿐 아니라, 또렷하게 본다. 1969년 7월 16일 발사된 아폴로 11호의 대원들은 우주에서 지구를 내려다본 최초의 인물들로, 그중 한 명인 버즈 올드린Buzz Aldrin은 지구를 "검은 벨벳 하늘에 있는 빛나는 보석"이라고 말했다. 이렇게 정신적으로 명확한 상태를 '조망효과Overview Effect'라고 한다. 지구에서 멀어져 완전히 압도된 상태로, 지구에 있는 생명의 연약함과 동질성에 경외를 느끼는 것이다. 이는 큰 그림을 이해하고 지구의 복잡한 과정들과 연결되어 있으면서도, 그보다 더 거대함과 맞닿아 있음을 느끼는 기묘한 감각적 체험이다.

당신의 광활한 우주는 당신의 머릿속에서 시작된다. '오버뷰 인스티튜트Overview Institute'의 공동 창업자 데이비드 비버는 아폴로 8호 임무에 참여한 우주 비행사들 중 한 명의 감상에 주목했다.

"우리가 처음 달에 갔을 때, 모든 신경이 달에 가 있었습니다. 돌아서서 지구를 볼 생각은 하지 않았지요. 그런데 끝나고 보니, 우리가 우주에 간 가장 중요한 이유였다고 생각합니다."

작가이자 철학자인 데이비드 로이는 이렇게 말했다.

"우리에게 다른 관점을 주리라고 아무도 예상하지 못했다니 상당히 충격이었습니다. 우리는 다른 행성에 간다는 데 초점을 맞췄죠. 그리고 문득 우리를 돌아봤고, 덕분에 자신을 새롭게 인식하게 됐습니다."

생각할 여지를 주는 것도 집중하는 방법이다.

우주 비행사들도 탐험가처럼 새로운 지도를 탐험하면서 세상을 바라보는 방식을 다시 세웠다. 그런데 탐험가들이 진정으로 찾고 있는 게 새로운 지도일까? 아니면 최종 목적을 탐구함으로써 개인적인 꿈을 이루게 해줄 업무 프로젝트의 지도를 만드는 것일까? 업무와 삶의 꿈을 조화시키는 것은 위대한 부모, 발명가, 예술가, 창작자, 탐험가, 사업가, 전문가, 운동선수, 과학자 등 긍정적인 변화를 일으키는 사람들의 특징이다.

· · · · · · ·

시간을 장악하는 사람들은 세상을 다르게 보고 지도를 재정립해, 우주로 간 우주 비행사들처럼 가장 중요한 일을 선명하게 본다. 시간 장악의 기술로 되찾은 시간은 우리가 있는 지도 위의 장소에 의미를 부여할 여유와 이유를 준다. 집중력과 하루의 리듬을 목적 중심의 우선순위에 동기화하면 방해물에 영향을 받지 않고 우리의 시간과 활동을 정돈할 수 있다.

시간 장악의 기술로 집중력을 동기화하면, 유연함을 얻고 목표를 효율적으로 세우는 데 필요한 시간을 과감하게 처리한다.

시간 장악의 기술로 리듬을 동기화하면, 삶의 패턴을 알게 돼 나의 활동들을 예상되는 여유 시간에 맞춰 조절한다.

나의 일과 가정의 우선순위를 유연하게, 후회 없이 유지하는 것은 집중력의 문제다. 시간의 유연함은 어떻게 우선순위를 선택하느냐에 달려 있다. 내가 이미 원하는 일을 하고 있다면 더 많은 일을 위해 더 많은 시간을 창조하는 것은 그 의미가 줄어든다.

생산성의 역설 알기

작은 투자도 큰 결과를 낼 수 있지만, 큰 투자도 작은 결과를 낼 수 있다(긍정적이거나 부정적인 비대칭 결과다). 나는 이것을 '생산성의 역설'이라고 부른다. 프리즘 생산성은 작은 투자로 큰 결과를 만들 때 생긴다.

시간을 장악하는 틀을 통해 만들어지는 프리즘 생산성은 하나의 결정이 다수의 행복한 결과로 바뀌는 것을 뜻한다. 즉, 삶과 업무에 새로운 선택권이 생긴다. 돈을 벌기 위해 투입하는 에너지와 버는 돈의

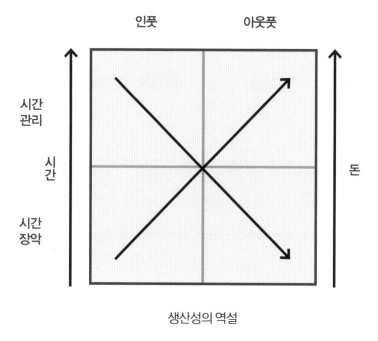

생산성의 역설

양이 달라진다.

시간을 장악하는 사람들은 시간과 결과로 도박을 하지 않는다. 그들은 자신의 아이디어를 지금 실험해 위험을 줄이는 방법을 찾아낸다. 원하는 결과를 얻기 위해 시간과 에너지를 두 가지 방법으로 투자한다. 할 수 있는 최선을 다해 결과를 누리고, 최종 목표를 달성하기 전에 목적에 부합하는 일을 만들어내는 것이다.

시간 장악의 기술로 목표를 정돈하면, 무엇이 통하고 무엇이 통하지 않는지에 관한 정보를 얻고, 진행하고, 공유할 수 있다. 대담한 발견으로 내가 원하는 삶을 살게 되는 것이다.

지금, 여기서 할 수 있는 일을 하자

결혼생활을 시작할 때 나와 나탈리는 규칙을 하나 만들었다. 그녀는 몇 년 전에 자신의 블로그에 이런 글을 썼다.

리치와 나는 아주 열심히 일했고 주도적으로 삶을 만들었어. 결혼 초에 우리는 함께 앉아서 우리가 보고 느끼기를 원하는 생활을 중심으로 확고한 우선순위를 정했지. (우리가 아이들을 부양할 수 있는 삶을 중심으로 대부분의 목표를 정한 것은 새삼스럽지도 않아.)

나는 함정, 바리케이드, 여러 번의 좌절, 명백한 실패에도 불구하고, 그 누구보다 나에게 우리가 가장 중요하다고 생각하는 일에 전념하고 있다고 말할 수 있어서 기뻐.

그 예로, 나는 아침에 아이들을 차로 데려다줄 수 있고, 오후에 함께 하교하는 사치를 누리지. 이것은 우리가 현실에서 열심히 노력하고 있는 큰 그림의 작은 일부야. 우리가 모두 완벽하게 갖췄다는 말이 아니야. 가야 할 길이 너어어어무나 멀지만, 우리는 바른길로 가고 있어. 우리가 의도한 삶으로 향하는 길에서 생기는 절대적인 에너지와 성취감을 떠올리기만 해도 내 심장은 터질 것만 같아.

삶의 의도는 모두에게 다르게 보이겠지만, 친구들 그리고 일을 통해 내가 원하는 삶의 모습을 선명하게 만들고, 그다음 꿈의 생활을 창조하기 위해 바빠지자. 너는 할 수 있고, 해냈을 때 아주 자랑스러울 거야!

내가 좋아하는 카렌 램Karen Lamb의 말로 글을 마칠게.

"지금으로부터 1년 후, '오늘 시작했다면 좋았을걸' 하고 바랄 수 있다."

되고 싶은 모습을 정하는 순간, 무엇을 해야 하는지 깨닫는다. 진정으로 삶을 즐기고 싶다면 무엇을 이루는가보다 그 과정에서 어떤 사람이 되느냐가 훨씬 중요하다.

당신과 나는 완벽하지 않다. 절대 완벽해질 수 없다. 그러니 당신과 나는 지금 여기서 우리가 할 수 있는 일을 해야 한다.

다작, 즉 다양하게 도전하자. 다작은 미루기보다 완벽을 더 잘 만들어낸다. 함정들을 피해 우선순위를 위한 작은 시간을 만들고 시간을 어떻게 사용할지 순서를 정하는 것은 획기적인 결과를 만드는 중요한 승리의 시작이다.

오늘 한 시간을 벌었다면, 내일 한 시간을 벌지 못하리라고 말할 수 있을까? 한 달을 버는 건? 1년은? 2년간의 자유는?

앞으로 2년에서 5년, 10년 동안 일생의 선택과 목표로 살아가는 건?

겨우 몇 달이나 몇 주 만에 끝낼 수 있다면?

때로 내가 진짜로 원한다는 것은 곧 책임진다는 뜻이다. 나와 가족에게 부당한 대우를 하지 말자. 포장도 뜯지 않은 선물처럼 나의 자유시간에 무관심해지지 말자.

> 개인의 성장과 행복의 열쇠는 미래를 준비하는 계획과
> 현재를 파괴하는 계획의 차이를 아는 것이다.

프리즘처럼 성공을 전략화하자.

돈과 의미 모두 선택하기

작은 투자로 큰 결과를 만드는 방법 중 하나는, 경력 프로젝트를 실행해 돈과 의미를 모두 잡는 것이다. 다음은 내가 프로젝트를 선택하는 데 도움을 주려고 만든 '돈과 의미의 공식'이다.

어려움에 부딪힌 조직과 사업체에 이 도구를 사용하면 임무와 수익의 방향을 전환시킨다. 다양한 프로젝트를 수행하는 대규모 영업팀도 다음 표를 중심으로 구축하면, 직원들이 자신의 영감에 맞춰 업무를 바꾸고 성공하도록 돕는다.

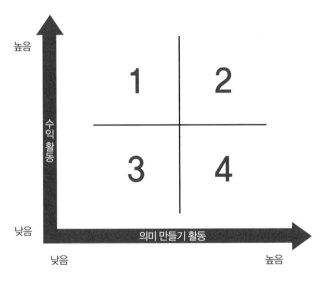

돈 vs 의미의 공식

1사분면

돈은 많이 벌지만, 나에게는 의미가 없는 일이다. 번창하고 행복하지만, 쉽게 번아웃이나 지루함, 또는 번아웃과 지루함이 둘 다 찾아오고, 업무와 삶 외부에서 더 깊은 만족감을 찾고 싶어 한다. 겉으로는 모든 것을 가진 듯 보이지만 내면에는 무언가가 비어 있는 상태다. 자신의 재능과 열정으로 나의 업계나 모두에게 유의미하게 기여하고 싶다는 생각이 가득하지만, 불행하게도 돈 벌기에 급급하다.

2사분면

최고의 상황이다. 돈을 버는 동시에 자신이 맡은 일에 진심으로 만족해한다. 편안하고, 지속가능한 삶의 방식으로 행복해하고, 일에서 성취감을 얻으며, 업계와 세상에 기여한다는 사실에 깊게 만족한다.

3사분면

생활고를 겪는 지점이다. 출세는 고사하고 경제적으로 안정되기에는 현실적으로 수입이 충분하지 않다. 자신이 하는 일도 의미 없게 느껴진다. 함정에 빠진 것 같고, 때때로 희망이 없다고 느낀다. 상황이 마법처럼 바뀌거나 무언가 다른 일을 할 기회가 찾아오길 간절하게 기다리는 내 모습을 발견한다.

4사분면

일로 성취감과 의미 있는 차이를 만드는 지점이다. 일을 사랑하고, 일에서 원동력을 얻고 기분도 좋다. 하지만 돈이 되지 않아 일을 유지하기가 힘들다. 세상에 변화를 만들고 싶을 뿐인데, 그러려면 계속 자금을 유통해야 한다는 사실에 낙담한다. 그리고 돈에 분개하는 자신을 발견하게 된다. 다음 급여가 언제, 어디서, 어떻게 생길지 그리고 상황을 유지하기에 충분할지에 대한 걱정만 없애준다면 무엇이든 하게 된다.

의미 있는 업무는 훌륭하다. 하지만 자신이 4사분면에 있고 수익이 없다면 '업무의 전환'을 고려해보라. 하는 일이 실제로 얼마나 중요한지와는 별개로, 먹고살 돈은 필요하다.

프리즘 생산성 창조하기

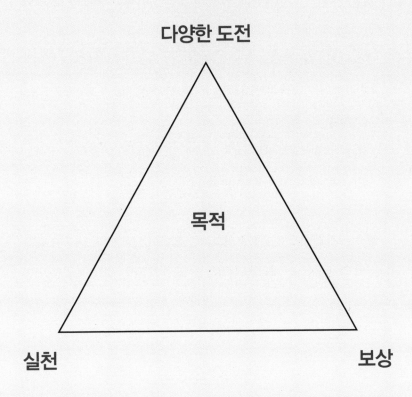

다양한 도전

목적

실천   보상

프리즘 생산성은 나를 최상의 삶으로 이끌어 즐거운 시간을 누리게 하고, 힘든 환경에서도 다른 사람을 돕게 한다. 다음 질문을 통해 프리즘 생산성을 창조해보자.

프리즘 생산성을 창조하는 3가지 질문

- 나의 선택과 활동이 나를 최상위의 4가지 우선순위(4P)에서 멀어지게 하는가, 가까워지게 하는가?

- 내 선택으로 목표와 가까워진다면, 시간을 장악하는 틀로 이 목표들을 어떻게 실현할 수 있을까?

- 내 선택으로 목표와 가까워질 수 없다면, 일상 활동을 바꾸고 다시 선택해야 할까? 아니면 우선순위를 바꿔야 할까?

최종 목적과 4가지 우선순위(4P)는 우리의 삶에서 가장 중요하다. 나만의 북극성이다. 시간을 장악하는 틀 안의 4P는 하나의 빛을 여러 색으로 나누는 프리즘의 분광 원리처럼, 우리의 기회를 다양한 결과로 이끈다.

'돈과 의미의 공식' 간단명료한 정리

1. 현재 삶의 우선순위와 목표에 맞게 최종 목적 프로젝트와 돈 버
   는 방법을 최대한 효율적으로 구성해 2사분면으로 이동하자.

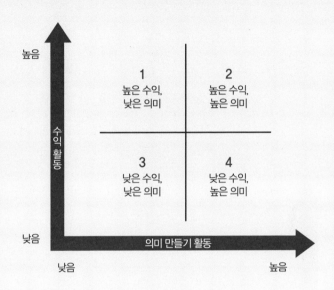

• 1사분면 : 돈은 많이 벌지만 일이 나에게 의미가 없는 지점이다.

• 2사분면 : 돈을 벌면서 동시에 의미 있는 일과 삶으로 진정한 만족감을 느
   끼는 지점이다.

• 3사분면 : 생활고가 지속되는 지점이다.

• 4사분면 : 일에서 성취감을 느끼고 유의미한 차이를 만드는 지점이다. 하지
   만 재정적으로 일을 지속하기 힘들어서 업무의 전환을 경험하게
   된다.

당신은 어디에 위치하는가?

2. 자신의 현재 상황을 표시하고, 자신에게 물어보자

- 나는 왜 여기에 있을까? 내가 있는 곳에서 내가 가고 싶은 곳으로 이동하려 면 어떻게 해야 할까?
- 그곳에 가거나 머무르기 위해 희생할 의지가 있는가?
- 2사분면에 가까워지기 위해 오늘 할 수 있는 한 가지 일은 무엇일까?

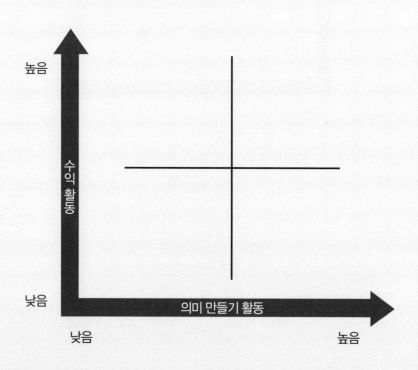

3. 최종 목적 프로젝트와 돈 버는 방법을 2사분면에 나란히 놓고, 삶에 더 큰 의미를 더하는 프리즘 생산성을 만드는 데 고도로 집중하는 활동을 찾아보자.

4가지 우선순위가 중심인 최종 목적 프로젝트에 적합한 사업 모델 만들기에 집중하자. 그것으로 의미 있고, 또 경제적으로 지속가능한 삶을 창조하자.

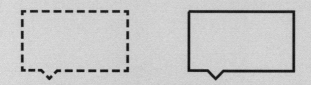

더 좋은 질문으로
더 좋은 해답을 찾자.

항상 더 좋은 질문을 던져
인생을 바꿔라

: 내 삶을 위한 생각 빠르게 업그레이드하기

신성한 호기심을 절대로 잃지 말라.

알베르트 아인슈타인 Albert Einstein, **20세기 천재 물리학자**

알베르트 아인슈타인이 죽기 몇 달 전, 하버드대학교 신입생 한 명이 약속도 없이 찾아와 물었다.

"경험으로 진실을 얻을 수 있을까요?"

아인슈타인이 대답했다.

"어려운 질문이군요. 사람들은 항상 자신이 보고 있다고 확신하지 못한 채 사물을 봅니다."

아인슈타인이 말했다.

"빛의 파동에 관한 질문은 호기심을 일으키지 않습니까?"

그리고 이어 말했다.

"이 정도면 평생의 호기심을 충족시켜주지 않나요?"

아인슈타인의 이 질문들은 가장 아름답고 심오한 깨달음을 준다.

지금 하는 일의 이유에 관해 생각하는 것을 멈추지 말아야 한다. 질문을 멈추지 말라. 호기심은 '그 자체로 존재 이유'가 있다.

아인슈타인의 말을 듣고 있던 학생이 정원에 있는 나무를 가리키면서 "저 나무가 진실로 나무라고 말할 수 있는 사람이 있을지, 내가 볼 수 있다고 가정한다면 어떻게 나무의 존재와 위치를 알 수 있을지" 물었다. 이때 아인슈타인이 학생에게 자신의 지혜를 전했다.

"그런 식으로 무언가를 가정해야 합니다. 자신이 꿰뚫어볼 수 없는 무언가에 대해 약간의 지식을 얻었음을 기뻐하세요. 세상을 놀라움으로 대하는 것을 멈추지 마세요."

모든 질문에 정답이 있는 것은 아니지만, 모든 질문은 호기심을 일으킨다. 아직 경험하지 못한 새로운 것들을 배우고, 실천하고, 알아가는 데 열려 있기를 바라는가? 경험이 창조의 전부는 아니다. 직관, 가정, 약간의 추가적인 지식은 자신이 뭘 해야 할지 정확히 모를 때 나아갈 수 있게 도와준다. '전통적인 사다리 오르기' 방식은 사람들이 질문하는 것과 제한된 경험 밖으로 꿈을 좇는 것을 막는다. 사다리를 오르는 사람은 틀리거나 멍청해 보이기 싫어서 사다리 밖에서 해답 찾는 것을 꺼리게 된다.

내가 무엇을 보고 있는지 모를 때, 계속 질문을 던지자. 호기심을 갖자. 놀라워하는 것을 멈추지 말자. 경험을 바탕으로 목표 세우기를 멈춰야 한다. 경험 안의 목표는 과제지만, 경험 밖의 목표는 성장이다.

더 좋은 질문으로
다른 삶을 이룬 사람들

"우리에게는 6,000만 원의 빚이 있습니다. 아내인 케이티가 몇 년 동안 다발성 경화증으로 치료를 받았거든요."

션 반다이크는 건설회사의 임원이었지만, 썩 좋은 일은 아니었다. 일주일에 60~70시간씩 일하느라 7명의 가족과 함께 있지 못했고, 항상 스트레스를 받았다. 션은 사무실이나 건설 현장에 가지 않아도 되고, 수입이 더 좋은 새로운 일자리가 필요했다. 아내를 돌보려면 일정이 더 유연해야 했다. 그리고 무엇보다, 아내가 건강이 더 나빠지기 전에 가족들과 여행을 떠나고 싶었다.

나는 션에게 앞으로 2년 동안의 계획이 무엇인지 물었다. 그는 먼저 2년 동안 블로그로 많은 방문객을 만든 후 상품을 팔고 싶다고 했다. 나는 질문을 바꿔 그에게 물었다. "앞으로 4~6개월 안에 목표를 달성할 수 있다면요?" 그러자 션이 말했다. "내가 할 수 있을까요?"

물론 아무도 장담할 수 없다. 하지만 2년 뒤 그의 블로그를 보고 구독하지 않는 사람은, 당장 그의 블로그를 발견하고도 2년 동안 구독하지 않을 사람과 큰 차이가 없다고 생각했다.

"이미 준비가 됐는데 왜 기다리는 거죠?"

션은 이 질문을 마음에 품고 일을 시작했고, 첫 2주 만에 2년이 걸릴 것으로 생각한 금액을 벌었다. 5년 뒤 션은 어떻게 됐을까?

그는 인기 작가이자, 미국 전역에 알려진 연설가가 되었다. 하청업자들을 훈련하고 코치하는 교육 사업을 하고 있으며, 시간을 선택해서 일한다. 예전과 비교하면 업무 시간은 반으로 줄고, 수입은 네 배로 늘었다. 그리고 션은 '올해의 혁신적인 기업가상IKON Entrepreneur of the Year'도 받았다.

자기 자신에게 올바르게 질문하는 방법을 배우면 학습곡선이 띈다. 질문들이 션의 호기심에 불을 지폈고, 시간과 삶에 접근하는 방법을 바꿨다. 그의 목표와 성취는 첫 대화 때보다 훨씬 더 확장됐다. 우리도 이런 방식으로 업무를 바꾸고 복합적인 해결책을 만들 수 있다.

"더 좋은 질문을 해야 더 좋은 해답을 얻는다."

나의 멘토가 말했다. 즉석에서 한 말이었지만 나는 감명받았고, 그 말을 분석했다.

닐 후퍼는 포천 100대 기업과 일하며 안정적인 급여를 받았지만 비참했다. 그는 스스로 어떻게 해야 우선순위를 우선할 수 있을지 물었고, 이 단순한 질문은 그의 삶을 바꿨다.

"당시 저는 삶의 갈림길에 서 있었습니다. 하지만 지금은 열정과 목적이 있고, 가장 중요한 우선순위에 따라 생활하고 시간을 씁니다."

잰 오시로는 52세인 남편에게 장애가 생겼는데 장기 요양보험을 받을 수 없게 되자 딜레마에 빠졌다. 남편의 장애는 장기적인 치료가 필요했고, 잰은 돈을 어떻게 마련해야 할지 몰랐다. 그리고 그녀가 가진 임대 아파트는 임대 시장이 붕괴한 뒤 마이너스가 됐다.

잰은 운송회사의 총괄 관리자로서 고장 난 회사를 고치는 업무에 몰두했는데, 수입은 늘 부족했다. 부수입을 어떻게 만들지 스스로 물었고 치유 원석 판매하는 일을 취미로 시작했다. 내 취미, 사업, 여행을 더 즐길 시간의 자유를 창조할 시스템을 만들었고, 은퇴 후 자신에게 경제적 자유를 줄 자산에 투자했다.

이 시스템의 좋은 점은 "필요가 아니라 내가 좋아서 이 일을 한다는 점"이며, 이렇게 얻은 경제적 자유는 잰에게 "삶을 어떻게 구성해야 할지 새로운 관점"을 보여주었다.

"나의 부업이 주업의 급여를 넘어설 때까지는 시간 장악의 핵심 요소로 주업에 집중해야 해요. 그다음 시간 장악의 기술을 전력으로 사용하면 길이 열리면서 폭발해요."

션 맥렐런은 오래된 집에서 할머니와 할아버지 손에 자랐다. 1800년대 스타일로 통나무를 직접 하나씩 다듬어 만든 집이다. 성장해서 션은 멜과 결혼했고, 집을 나와 자신의 삶을 살았다.

어느 시점이 되자 그는 자신에게 물었다. "돈 버는 일이 중요하지 않게 되면, 어떻게 살게 될까?"

집에 가서 아내에게도 같은 질문을 했다. 아내의 대답은 션과 거의 같았는데, 션의 조부모님이 사는 곳 근처에 땅을 구해서 정원을 가꾸는 것이었다.

"우리는 대체 뭘 하는 걸까? 우리가 최종적으로 원하는 것을 당장 하는 방법을 찾으면 되지 않나?" 3개월이 지나기 전에 두 사람은 션의 조부모님 곁에 있는 땅과 집을 사서 이사했고, 조부모님 그리고 자녀들과 관련된 사업도 만들었다. 충분한 돈을 벌어 집을 살 때 진 빚을 모두 갚았고, 조부모님 집도 사들여 월세를 받지 않고 두 분이 그곳에서 살도록 했다. 마침내 사업도 팔아넘겼다. 션이 말했다.

"지금 저는 아름다운 아내와 아이들, 할머니께 더 많은 시간을 쓰고 있습니다. 지난 10년 동안 만들었던 모든 변화는 우리가 생각했던 것보다 더 옳은 일이었어요. 할아버지를 잃은 건 무척 힘들지만, 만약 아이들이 증조할아버지와 가깝게 지내지 않았다면, 그리고 우리가 옆집에 살면서 함께 사업을 구축하는 데 시간을 보내지 않았다면 삶이 얼마나 더 힘들었을지 상상하기 힘들어요."

이 질문들을 생각해보자. 마음속에 가장 먼저 무엇이 떠오르는가?

- 더 많은 돈을 벌어 시간이 더 많이 생기기를 기다리는 중인가?
- 바로 지금, 최종 목적과 우선순위에 따라 시간을 쓰고 있는가?
- 가족과 친구들은 나의 업무에 비해 우선순위에서 밀려나 있지 않은가?

더 좋은 질문은 '내가 원하는 것'과 '그것을 어떻게 이룰 것인가' 사이에 의도적으로 불편한 차이를 만들어 나의 미래를 이끌어준다.

최종 목적 질문으로 시작하기

성공한 후 성공을 이어갈 때 생기는 대부분의 문제는 여지를 충분히 가지고, 가능한 한 많은 해답을 만들어 접근할 수 있다. 같은 맥락에서, 시간관리자들이 목적을 위해 만든 잘못된 지도를 따를 게 아니라 가장 중요한 것을 향해 접근하다 보면 원하는 성공을 이룰 수 있다. 우주에서 세상을 바라보면 더 섬세하고 뚜렷한 감각으로 보게 되는 조망효과와 같다. 이미 시간 장악을 시작했다면, 최종 목적을 바탕으로 한 질문들로 내가 무엇을 해야 하는지 의식적으로 물어보자.

우리 집 냉장고에 불이 났다고 해보자. 급히 냉장고의 전선을 빼자, 불이 꺼졌다. 급수 필터에서 샌 물이 전기 문제를 일으켜 발생한 화재였다. 필터를 교체하라는 표시등에 불이 들어왔는데, 아무것도 하지 않았다.

그렇다면 냉장고에 불이 난 원인이 무엇일까? 전기, 필터, 사용자 중 무엇이 문제였을까? 질문에 따라 다르지만, 모두 답이 될 수 있다.

- 과거를 되짚어보면 무엇과 관련된 것인지에 대한 역사적 각주가 생기고, 그 문제에 내가 시간을 쓰는 방법이 달라진다.
- 앞을 내다보면 그 문제에 내가 어떻게 시간을 쓸 것인지 질문하는 방법과 방향이 달라진다.

내가 어떻게 시간을 사용할지는 앞을 내다보는 이런 질문으로 알 수 있다.

"새 냉장고는 어디서 살까?"

시간의 필터로 질문을 거르면, 시간의 목적에 관해 더 좋은 해답을 찾아내는 질문을 다양하게 만들 수 있다.

"질문의 본질이 내가 시간을 소비하는 방법에 어떤 영향을 미칠까?"

문제를 해결할 때, 어떤 질문을 해야 부정적인 면을 줄이고 긍정적인 면은 유지하면서 더 많은 시간을 만들지 자신에게 물어보자.

시간 장악과 연관된 질문들로 작은 불을 끄면 큰불로 번지는 사고를 막을 수 있다. 다양한 관점을 고려하면 행동이 변한다. 우리의 삶에는 작은 불이 일상적으로 일어난다. 불을 끌 때 나의 절차를 정돈해 해결 방식을 바꾸는 방향으로 보면, 내 시간에 부정적인 영향을 주는 것들을 EDO(제거, 위임, 외주화) 할 수 있다.

나에게 묻는 시간 장악 질문 7가지

나와 관련된 목록을 만들어라. 앞으로 1, 2년 후에 성취감을 느낄 나의 이상적인 삶은 어떤 모습인가?

1. 최종 목적
목적을 달성한 뒤의 성공은 어떤 모습인가?

2. 초월적 결정
내 진짜 우선순위는 무엇이며, 그 과정에서 어떤 사람이 되고 싶은가?

3. 초월적 프로젝트
큰 그림의 목표를 이루기 위해 어떤 프로젝트(들)를 시작할 수 있을까?

4. 프로젝트 겹치기
동시에 많은 목적을 이룰 수 있는 프로젝트들 사이에 겹치는 우선순위는 무엇인가?

5. 업무 동기화
내가 없어도 프로젝트가 진행되는 나의 일관된 업무와 삶은 어떤 모습일까?

6. 전문가 고용
누가 나를 위해 혹은 나와 함께 이 일을 해줄 수 있을까?

7. 돈 버는 방법
어떤 식으로 돈을 벌어야 나의 원칙, 꿈, 그리고 가치를 당장 더 편하게 지원할 수 있을까?

1, 2년짜리 비전을 6개월도 채 걸리지 않고 이룰 수 있다면 어떨까? 그렇게 하려면 지금 무엇을 시작해야 할까? 과거가 아닌 미래에서부터 실천하기 위한 환경을 만들려면 어떻게 해야 할까? 나의 가장 행복한 삶은 어떤 모습일까?

다른 미래를 만드는
긴급하고 중요한 질문

현재 가진 자원을 활용하고 미래로 향하는 대신 미래에 이루길 원하는 삶에서부터 실천하면, 당연하고 예상치 못한 많은 프리즘 효과를 만든다. 다음은 바로 적용해볼 수 있고 시간 장악에 도움이 되는 질문들이다.

- 어떻게 하면 긴급하게 느낄까?
- 어떻게 하면 과거에서 실천하는 것을 멈출까?
- 어떻게 하면 나의 모든 핑계를 극복할까?

"하는 방법을 안다면 어떻게 할까?", "하는 방법을 아는 사람을 고용하면 어떨까?", "내 시간을 들이지 않고 돈을 벌 수 있다면?"

나 자신을 속이지 말자. 사람들은 자주 가능성에 대한 두려움 또는 말도 안 되는 이유로 자신을 막고, 무엇을 진짜로 원하는지 자신에게 묻는 것을 두려워한다. 목표를 달성한 후 당신이 원하는 성공에 질문을 맞추면 무의미한 변명들이 사라지고 정답이 떠오른다.

더 좋은 질문 ↔ 목적 ↔ 우선순위 ↔ 프로젝트 ↔ 보상

원치 않는다면
일을 그만둘 필요 없다

존 마슈니는 자신의 일인 법률 업무에 허우적거리고 있지만, 아내, 아이들과 더 많은 시간을 보내고 싶었다. 삶의 가장 중요한 부분을 희생하지 않고 돈을 벌 수 있는 무언가를 구축하고 싶어 했다. 그리고 글을 쓰고 싶었고, 자신의 시간을 통제할 수 있는 사업을 만들고 싶어 했다.

존은 다른 사람이 미쳤다고 생각할 새로운 아이디어 품는 방법을 배웠다. 목표 너머의 목표에 대한 열망이 변화하는 두려움보다 컸기 때문이다. 그는 가치관을 삶에 더 잘 녹이려면 어떻게 해야 하는지 자신에게 물었고, 어린이책을 쓰고자 하는 자신의 열정에 뛰어들었다.

"법률 업무로 바쁜 와중에 유치한 어린이책을 쓰는 건 주변 사람들이 예상하지 못한 일이었습니다. 하지만 올바른 선택이었어요."

존은 현재 자녀들과 더 많은 시간을 보내고, 아이들과 부모들에게 즐거움을 주는 글을 쓰며 책 만드는 일을 즐기고 있다.

내가 존에게 시간 장악의 개념을 알려줬을 때 존은 그 기술로 다른 사람을 풍족하게 만드는 것을 넘어, "자신의 기술과 목표에 맞는 법률 업무를 구축하는 데 영감"을 받고 "기다리는 삶을 멈추는 법"을 깨달았다.

시간을 장악하는 사람들은 직장을 그만두거나 원치 않는다면 먹고 살기 위해 하는 일을 멈출 필요가 없다. 더 좋은 질문으로 우선순위와 프로젝트를 위한 여지를 만들어 공적이고 사적인 삶에 영향을 주고 능력, 가능성, 그리고 자율성을 늘릴 수 있다.

존이 말했다.

"5년 혹은 10년 아니면 언젠가 삶이 더 나아지리라는 생각을 그만 둬야 했습니다. 완벽한 삶이 저 멀리 있다는 생각 대신 정확히 원하는 삶을 오늘부터 살기 시작했죠. 인생은 짧습니다. 내 차례가 언제 올지 절대로 알 수 없습니다. 세상에는 시시한 조언들도 많지만, 시간을 장악하는 법은 저처럼 삶의 변화에 관심을 기울이는 사람에게 지혜의 단비를 퍼트립니다. 제 삶은 절대로 예전으로 돌아가지 않을 겁니다."

질문은 질문을 부르지만, 정돈된 질문들은 탁월한 실천을 부른다.

삶을 바꾸는 3가지 질문

다음은 삶을 바꾸는 질문들이다. 이 질문들을 잘 생각해보고, 나의 상황에 적용해보자.

삶을 바꾸는 질문 1.
"삶의 가장 반복적이고 긴급한 질문은 '타인을 위해 무엇을 하고 있는가?'이다."

마틴 루터 킹 주니어Martin Luther King Jr.가 말했다. "모든 사람은 어떤 시점이 되면 창조적인 이타심의 빛을 따라 걸어갈 것인지 아니면 파괴적인 이기심의 어둠 속을 걸어갈 것인지 정해야 한다. 이것은 심판이다. 삶의 가장 반복적이고 긴급한 질문은 '타인을 위해 무엇을 하고 있는가'이다."

삶을 바꾸는 질문 2.
"오늘이 삶의 마지막 날이라도, 오늘 하려고 했던 일을 할 것인가?"

스티브 잡스Steve Jobs가 말했다. "17살 때 이런 인용문을 읽었습니다. '매일 마지막 날인 것처럼 산다면 언젠가 가장 옳은 모습의 내가 된다.' 저는 이 말에 감명받았고, 그 후 33년 동안 아침에 거울을 보면서 나에게 이런 질문을 했습니다. '오늘이 내 삶의 마지막 날이라면, 오늘 하려고 했던 일을 하길 바라는가?' 그리고 '아니'라는 대답이 여러 날 동안 이어지면 무언가 바꿔야 할 때라는 걸 알 수 있었습니다."

삶을 바꾸는 질문 3.
"사람들이 오늘을 이끌어가는 방식을 바꿔야 한다면, 무엇을 바꿔야 할까?"

브레네 브라운Brené Brown이 물었다. "어려운 도전과 만족할 줄 모르는 혁신을 요구하며, 복잡하고 빠르게 변하는 환경에서 사람들이 오늘을 어떻게 이끌어나가게 해야 지도자들이 성공할 수 있을까?"

질문을 바꿔
안목을 갖추자

나는 안목이 이번 세기의 리더가 갖춰야 할 첫 번째 소양이 되리라고 예상한다. 안목을 배운 리더, 사업가 그리고 개인은 더 많은 사람을 돕고, 더 많은 가치를 만들며, 자신이 돌보고, 사랑하고, 봉사하는 사람들에게 더 나은 경험을 주는 독보적이고 진귀한 장점을 갖췄다.

그리고 안목은 더 좋은 질문에서 나온다.

리더, 사업가, 창작자, 기업가, 그리고 개인 의사결정자에게 안목이라는 기술은 기회비용 증가의 법칙을 피하고, 한 가지 이상의 기회와 관점을 가지게 해준다.

어떤 방향으로 가야 할까?

찰스 디킨스는 《두 도시 이야기》에서 다차원적이고 동시에 존재하지 않는 특성을 가진 진실과 안목의 정수를 묘사했다. 찰스 디킨스는 이렇게 말했다. "최고의 시대, 최악의 시대, 지혜의 시대, 어리석음의 시대, 믿음의 시대, 불신의 시대, 빛의 계절, 희망의 봄, 절망의 겨울, 우리 앞에는 모든 게 있고, 우리 앞에는 아무것도 없으며, 우리는 모두 천국으로 향하는 중이며, 우리는 모두 다른 길로 향해 있다." 오늘날 우리는 인류의 최고와 최악을 모두 마주하고 있다.

앞으로 나아가기 위한 최고의 방법은?

최종 목적으로 시작하자. 시간을 장악하는 사람으로서 내가 할 일은 더 좋은 질문으로 상황을 감지하고, 최고의 지도에서 해답을 찾아 삶과 일을 꿈의 큰 그림에 더 가깝게 만들며, 일상을 사는 것이다.

> 66 똑같이 숨을 쉬며 10억짜리 질문을 할 수 있는데,
>
> 왜 1,000원짜리 질문을 하고 있는가? 99

질문을 바꾸면 인생이 달라진다. 나의 꿈을 환영하자. 이제 시간에 자유가 생겼다. 그 시간을 어떻게 사용할 것인가? 더 중요한 것은, 그 과정에서 당신은 어떤 사람이 될 것인가?

삶을 변하게 할
더 좋은 질문하기

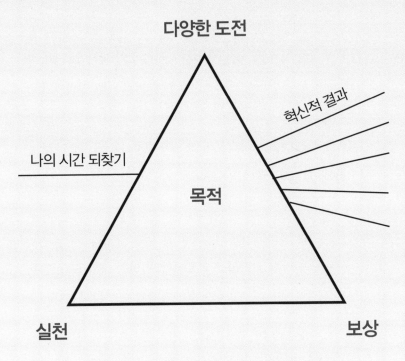

더 좋은 질문은 예상하지 못한 프리즘 효과를 가져온다.

더 좋은 질문을 던지면 인생이 변한다. 다음을 참고해서 나 자신을 위한 질문들을 생각해보자.

1. 하고 싶지만 어렵다고 느끼는 일들 위주로 개방형 질문 10개를 적는다. 예를 들어, 새로운 사업을 시작하고 싶은데 시간, 경험 혹은 돈이 없다고 느낄 수 있다.

2. 여러 가지 장벽 때문에 그 일을 할 수 없다고 말하는 대신, 지금 당장 무엇을 할 수 있을지 물어보자. 시간 장악의 기술로 배운 원칙들을 활용해 창의적인 해답을 찾는다. 바로 이런 방법이다.

"ABC를 해내기 위해, XYZ가 일어나지 않게 하면서, 이 일을 불가능해 보이는 날짜에 맞춰 해내려면 어떻게 해야 할까?"

기억하자, 내가 모든 것을 다 할 필요는 없다. 나는 프로젝트에 내 시간을 사용하는 방법을 정하는 설계자다. 일하는 방법을 모른다면 할 줄 아는 사람에게 물어보고 어떻게 성사시킬지, 어디서 끝낼지, 왜 끝내야 하는지를 결정한다. 이 과정에서, 우리는 '해내는 방법'을 찾을 수 있다.

많은 사람이 해답을 찾지 못한다. 해답이 무엇을 의미하는지 혹은 어떤 대가가 필요한지 아는 것을 두려워하기 때문이다. 하지만 성공하는 사람들은 실패하는 것보다 시도하지 않는 것, 그리고 아무것도 하지 않아서 느끼는 후회를 더 두려워한다. 자신이 두려워하는 해답보다, 더 크고 더 좋은 질문을 만들어 시작해보자.

3. 당신의 도전 과제 위주로 '더 좋은 개방형 질문' 10개를 만들었다면 믿을 만한 동료와 공유해보자.

4. 이 과제에서 무엇을 EDO(제거, 위임 그리고 외주화) 할 수 있는지 동료와 상의해, 위험 요소를 줄이고 목표를 달성하라. 목표를 이루기 위해 몇 년씩 기다리지 말자.

완벽하지 않아도 된다,
다양하게 도전하자.

인생을 바꾸는 가장 확실한 방법,
시간관리하지 말라는 것!

그리프는 마법이었다. 그날, 외딴섬에서 수백 명의 사람이 환호하고 함성을 질렀다. 우리는 일주일 전에 세상을 떠난 나의 절친한 친구 8살 그리프를 위해 바다로 나가면서 손을 잡고 함께 슬픔을 나눴다.

내게 아주 친한 친구였던 그리프는 자신에게 남은 시간은 몰랐지만, 짧은 시간을 사랑 그 자체로 살았다. 그리고 나에게 영감을 주었다.

이 책을 마무리하면서 조사하고, 실험하고, 글로 정리했던 수년 동안의 시간을 돌아봤다. 나는 시간을 우선시한다는 것은 내가 사랑하는 무엇인가를 우선시하는 방법임을 알게 됐다. 시간은 사랑의 표현이다. 자신이 시간을 소비하든, 투자하든 혹은 희생하든, 시간의 양과 질에 상관없이 우리는 시간을 사용하는 방법으로 사랑을 보여준다.

시간 장악은 자신이 진정으로 원하는 것을 나의 일, 나의 예술, 나의 관계 그리고 나의 삶을 통해 주고받도록 돕는다. 내가 사랑하는 무엇인가를 위해 쓸 시간이 있는지는 세상이 나를 어떻게 생각하는지보다 내가 나를 어떻게 생각하는지와 관련이 있다.

나는 당신이 의미 있는 유연함과 자율성이 깃든 삶을 선택하고, 추구하기를 바란다. 나의 시간에 주문을 걸자.

이건 시험이 아니다. 당신의 시간이다. 시간을 장악하라. 오늘을 다시 시작의 기회로 만들자.

나탈리는 나의 전부다. 어떤 말로도 나탈리와 보낸 20년이라는 행복한 선물을 표현할 방법이 없다. 우리는 젊은 나이에 결혼해 아이를 가졌고, 함께 생활했고, 다양한 삶을 살았다. 가족과 함께 장기간 세계 여행을 하는 나탈리의 큰 꿈은 우리가 다른 방식으로 일하게 했고, 아이들이 온 세상을 다니게 했다. 사람들은 우리가 해내지 못할 거라고 말했다. 하! 나는 나탈리를 존경하고, 존중하며, 사랑한다.

나는 나의 아들 롤리가 산맥을 오르거나, 큰 파도를 타거나, 스카이다이빙을 하거나, 말도 안 되는 재주를 보일 때마다 무섭지 않냐고 묻는다. 롤리는 나에게 이렇게 말했다. "용감해지는 게 중요해요." 롤리가 나에게 가르쳐준 용기의 중요성은 내 삶을 바꿨다. 목적의식을 가지고 두려움에 직면하라는 가르침을 주었다. …그리고 일본과 중국에서 나와 가라오케에 가준 일도 고맙다.

나의 아들 카든. "누가 '위대한 사람들은 똑같이 생각한다'라고 말했나요? 반대가 진리예요." 맞는 말이다. 거꾸로 생각하는 창의성을 가르쳐준 일에 감사하다. 카든이 11살 때, 캐나다의 진흙 길 위에서 나를 돌아보며 말했다. "10억, 100억짜리 기업이 하나의 아이디어로 시작해요. 많은 사람이 10억, 100억짜리 아이디어를 가지고 있지만, 하지 않고 누군가 하기를 기다리고 있어요. 왜 스스로 나서서 억만장자가 되지 않는 거죠?"

나의 아들 링컨이 나를 서핑에 자주 데리고 간 덕분에 이 책을 쓸 수 있었다. 링컨은 나에게 강하고 긍정적인 자세로 어려움을 대하는 방법을 가르쳤다.

나의 아들 개빈과 함께한 기억은 나에게 인생을 가르쳤고, 삼촌 개빈과 함께한 기억은 열정적인 삶의 기억이었다. 우리 부부가 위탁했던 놀라운 아이들은 언제나 경외심과 영감을 줬다.

나를 길러주신 부모님, 언제나 무한한 사랑과 지지를 보낸 친인척들, 대단한 그리프, 나의 학생에서 멘토가 된 벤 하디, 나의 헌신적인 작가 대리인 로리 리스, 열정과 나에 대한 신뢰로 책을 편집해준 댄 앰브로시오, 시간 장악의 원칙을 사용해 나와 수년간 함께 일한 프라우덕트 사업 파트너인 티에팽 마그레와 제이스 베넷, 자신을 방해하는 것들에서 벗어나 똑똑하게 성장하는 방법을 알려준 휘트니 존슨,

나에게 리더십을 가르쳐준 스티븐 R. 코비, 신뢰를 가르쳐준 스티브 M. R. 코비, 메이시 로빈슨과 케네스 반스를 포함해 이 책의 사전 작업에 도움을 준 많은 사람들, 모든 역경을 이겨낸다는 말의 의미를 가르쳐준 빛 시라, 타인을 돌보는 것으로 영향력을 넓히는 기술을 알려준 마셜 골드스미스, 벤 윌슨, 그렉 페시, 시간 장악의 원칙을 예술적으로 표현해준 '드렉스_jpg', 그리고 나의 팟캐스트 '리치 노튼 쇼' 게스트들에게 감사의 말을 전한다.

마지막으로, 언제나 명랑한 나의 강아지 벨지는 함께 해변을 걸으며 세상 그 누구보다 나의 거래와 코칭 통화, 프로젝트에 관해 가장 많이 들어주는 친구다.

사람들이 시간을 되찾고 그것으로 무엇을 하는지 보면서 나도 즐거움, 행복, 감사를 느낀다. 오늘 바로 시작하자. 오늘은 당신의 최고의 날이다. 이 책을 통해 당신도 놀라운 삶의 변화를 경험하길 바란다.

시간
(T.I.M.E)

오늘은 나의 전부다.
(Today Is My Everything)

참고문헌

들어가며

1. 탄도미사일이 접근 중이라는 잘못 된 스마트폰 경보는 다음 기사를 참 고. "'Wrong Button' Sends Out False Missile Alert," Honolulu Star Advertiser, January 13, 2018, www.staradvertiser. com/2018/01/13/breaking- news/emergency-officials- mistakenly-send-out-missile- threat-alert/.

2. 《스튜피드》리치 노튼, 나탈리 노튼 저, 미디어월

내가 이 책을 쓴 이유

1. 《과학적 관리법》프레드릭 테일러 저, 21세기북스

이 책을 읽기 전에 꼭 알아야 할 것

1. 《성공하는 사람들의 7가지 습관》스 티븐 R. 코비 저, 김영사

2. 《내일의 랜드마크Landmarks of Tomorrow》피터 드러커 저, 하퍼

3. Alcoholics Anonymous, "Is A.A. for You? Twelve Questions Only You Can Answer", www.aa.org/ pages/en_us/is-aa-for-you- twelve-questions-only-you- can-answer.

1장

1. 《자기 방해Disrupt Yourself》휘트니 존슨 저, 하버드 비즈니스 리뷰

2. 나는 시라와 2016년 테드 강의에 서 만나 가까운 친구가 됐다. 하와 이에서 진행한 팟캐스트 인터뷰 에 관한 내용은 '리치 노튼 쇼'를 참 고. "SIRAH— Light in the Dark", February 23 2020, https:// richienorton.com/2020/02/s1- e23-sirah-a-light-in-the-dark- explicit/.

3. Jessica Sager, "Skrillex Nabs Best Dance Recording + Best Dance/Electronica Album Trophies at 2013 Grammys", February 10 2013, POPCRUSH,

https://popcrush.com/skrillex-2013-grammys/.

4. 아리스토텔레스와 목적 원인에 관한 자세한 내용은 스탠퍼드 철학 백과사전을 참고. Andrea Falcon, "Aristotle on Causality", Stanford Encyclopedia of Philosophy (2006, revised 2019), https://plato.stanford.edu/entries/aristotle-causality/.

2장

1. 《스탠드 아웃》도리 클라크 저, 열린책들

2. 벤저민 하디에 관한 내용은 벤저민 하디의 글에서 발췌. https://benjaminhardy.com.

3장

1. Geoffrey James, "45 Quotes from Mr. Rogers That We All Need Today," Inc., August 5, 2019, www.inc.com/geoffrey-james/45-quotes-from-mr-rogers-that-we-all-need-today.html.

2. 《시간의 주름》매들렌 렝글 저, 문학과지성사

3. 워런 버핏의 주주 서한, "To the Shareholders of Berkshire Hathaway, Inc.," 1993, www.berkshirehathaway.com/letters/1993.html.

4. 《성공하는 사람들의 7가지 습관》스티븐 R. 코비 저, 김영사

5. '파레토 원칙'에 대한 내용은 APA심리학 사전 참고. https://dictionary.apa.org/pareto-principle.

4장

1. 《명상록》마르쿠스 아우렐리우스 저, 올리버

2. 《좋은 기업을 넘어 위대한 기업으로》의 저자 짐 콜린스는 세계적인 경영 컨설턴트 피터 드러커의 저서 《피터 드러커의 자기경영노트》출판 50주년 기념 개정판 서문에서 의사결정의 격언을 배웠다고 회상했다.

3. 달튼 그룹이 뉴스레터와 블로그에 남긴 《스티브 잡스》에 대한 논평. https://dartongroup.wordpress.com/2012/01/02/steve-jobs-and-lessons-for-project-managers/

4. 드웨인 존슨의 성공적인 사업 철학은 다음 기사를 참고. Jason Feifer, "Dwayne Johnson and Dany Garcia Want You to Rethink

Everything," Entrepreneur (April 2020; updated March 2021), www.entrepreneur.com/article/348232.

5장

1. Whitney Johnson, "Aicha Evans: Human Spirit and Technology", https://podcasts.apple.com/ro/podcast/aicha-evans-human-spirit-and-technology/id1156483471?i=1000523020213

2. 칼 로저스의 모험에 대한 내용은 다음을 참고. "Sept. 17, 1911 : First Transcontinental Flight Takes Weeks," Wired, (September 17, 2009), www.wired.com/2009/09/0917transcontinental-flight/.

3. Gerald Smith, "Spanning Time: Before Lindbergh, Another Aviation Pioneer Made Brief Stop in Broome," Binghamton Press & Sun-Bulletin,(July 19, 2019), www.pressconnects.com/story/news/connections/history/2019/07/20/early-aviation-pioneer-cal-rodgers-made-brief-stop-broome-

county/1757428001/.

4. Ben H. Morrow and K. W. Charles, "Cal Rodgers and the Vin Fiz", www.modelaircraft.org/files/RodgersCalbraithCalPerry.pdf.

5. Smithsonian National Air and Space Museum, "The First American Transcontinental Flight," https://pioneersofflight.si.edu/content/first-american-transcontinental-flight.

6. Karen Weise and Daisuke Wakabayashi, "How Andy Jassy, Amazon's Next C.E.O., Was a 'Brain Double' for Jeff Bezos," New York Times, February 4, 2021.

7. 《딥 워크》칼 뉴포트 저, 민음사

6장

1. 《시작하는 기업에서 성장하는 기업으로From Start-Up to Grown-Up》알리사 콘 저, 코간 페이지

2. Jeremy Menzies, "The Ghost Ship of Muni Metro (Part 1)", (July 21, 2016), www.sfmta.com/blog/ghost-ship-muni-metro-part-1.

3. Jessica Placzek, "The Buried

Ships of San Francisco," www.
kqed.org/news/11633087/the-
buried-ships-of-san-francisco.

4. Jessica Placzek, "Why Are
Ships Buried Under San
Francisco?," www.kqed.org/
news/10981586/why-are-
there-ships-buried-under-
san-francisco.

5. The Steven Spielberg quote is
noted in "Michael Kahn (Film
Editor)," (June 10, 2018), https://
alchetron.com/Michael-Kahn-
(film-editor).

6. 드웨인 존슨의 성공적인 사업 철학
은 다음 기사를 참고. Jason Feifer,
"Dwayne Johnson and Dany
Garcia Want You to Rethink
Everything," Entrepreneur
(April 2020; updated March 2021),
www.entrepreneur.com/
article/348232.

7. 케일럽 보이직과 팻 플린의 스위
치팟에 대한 내용은 다음을 참고.
Caleb Wojcik and Pat Flynn,
"The Origin Story Behind
SwitchPod", https:// switchpod.
co/pages/about.

8. 《방법이 아닌 사람Who Not How》 댄
설리번, 벤저민 하디 저, 헤이 하우스

9. Thiefaine Magre, "Do What You
Do Best and Outsource the
Rest," https://www.linkedin.
com/posts/thiefainemagre_
productguy-operations-
supplychain-activity-
6783427167008256000-
WQ6U/.

10. 프라우덕트PROUDUCT에 관한 정
보는 www.prouduct.com에 더 많
이 있다.

7장

1. 《삶의 수행The Conduct of Life》 랄
프 왈도 에머슨 저, 호튼, 미플린

2. 로라 웍의 보디마인드 코칭 https:
//thenewbodymind.com/.

3. 안데르센 인용문은 다음을 참
고. "Hans Christian Andersen
Quotes," Goodreads, www.
goodreads.com/author/quotes/
6378.Hans_Christian_Andersen.

4. 《번영의 역설》 클레이튼 M. 크리스
텐슨, 에포사 오조모, 캐런 딜런 저,
부키

5. Akhilesh Ganti, "Economic
Moat," Investopedia, www.
investopedia.com/terms/e/
economicmoat.asp.

6. W. Edwards Deming Institute, https://deming.org/quotes/10141/.

7. Kevin Kelly, "1,000 True Fans," The Technium (blog), https://kk.org/thetechnium/1000-true-fans/.

8장

1. Adam Grant, "Productivity Isn't About Time Management: It's About Attention Management," New York Times, March 28, 2019.

2. 마셜 골드스미스의 작업에 관한 정보는 다음을 참고. Marshall Goldsmith and Kelly Goldsmith, "How Adults Achieve Happiness," BusinessWeek, December 10, 2009, https://marshallgoldsmith.com/articles/how-adults-achieve-happiness/.

3. Elon Musk, "The Secret Tesla Motors Master Plan (Just Between You and Me)," August 2, 2006, www.tesla.com/blog/secret-tesla-motors-master-plan-just-between-you-and-me.

4. Marcel Schwantes, "Elon Musk Shows How to Be a Great Leader with What He Calls His 'Single Best Piece of Advice,'" Inc., July 12, 2018, www.inc.com/marcel-schwantes/elon-musk-shows-how-to-be-a-great-leader-with-what-he-calls-his-single-best-piece-of-advice.html.

9장

1. 《마야 안젤루의 베스트 : 영감의 목소리The Very Best of Maya Angelou : The Voice of Inspiration》프랭크 존슨 저, 프랭크 존슨

2. Kerr Houston, "'Siam Not So Small!' Maps, History, and Gender in The King and I," Camera Obscura 20, no. 2 (2005): 73–117.

3. 레이먼 레이와 작업에 관한 정보는 다음 웹사이트를 참고. Ramon Ray, "Entrepreneurship and Depression: Resource for Entrepreneurs to Understand and Conquer It," https://smarthustle.com/entrepreneurship-and-depression/#.YZbql2DMKUk.

4. Ivan DeLuce, "Something

Profound Happens When Astronauts See Earth from Space for the First Time," Business Insider, July 16, 2019, www.businessinsider.com/overview-effect-nasa-apollo8-perspective-awareness-space-2015-8.

5. Sarah Scoles, "So You Think You Love Earth? Wait Until You See It in VR," Wired, June 21, 2016, www.wired.com/2016/06/2047434/.

Asked Senior Leaders This Tough Question," Inc., March 28, 2019, www.inc.com/marla-tabaka/brene-brown-asked-senior-leaders-this-tough-question-answer-may-sting-a-bit.html.

5. 《두 도시 이야기》찰스 디킨스 저, 허밍버드

10장

1. 아인슈타인의 말 인용은 1955년 5월 22일자 잡지 〈라이프〉 기사 참고. "Death of a Genius" in Life and is available at www.sundheimgroup.com/wp-content/uploads/2018/05/Einstein-article-1955_05.pdf.

2. 마틴 루터 킹의 말은 1957년 8월 11일 마틴 루터킹이 앨라배마에서 한 설교 일부에서 인용함.

3. 스티브 잡스의 말은 2005년 6월 12일 스탠퍼드대학교 졸업 연설에서 인용함. https://news.stanford.edu/2005/06/14/jobs-061505/.

4. Marla Tabaka, "Brene Brown

옮긴이 **신용우**

성균관대학교 대학원에서 번역을 전공했으며, 다양한 분야에서 영어 전문 번역가로 활동하고 있다. 현재 출판번역에이전시 글로하나에서 영미서를 번역, 검토하고 있다. 역서로는 《소크라테스 성공법칙》, 《기네스 세계기록 2022》, 《우리는 실패하지 않았다》, 《우아하게 랍스터를 먹는 법》 등이 있다. 영화 〈블레이드 러너〉, 다큐멘터리 〈나의 시, 나의 도시〉, 〈데이비드 보위〉 등, 해외 드라마와 영화도 70편 이상 번역했다. 개봉작으로는 〈랜드 오브 마인〉이 있다.

인생이 바뀌는 시간관리의 비밀

1판 1쇄 인쇄 2023년 7월 19일
1판 1쇄 발행 2023년 7월 26일

지은이 리치 노튼
발행인 김태웅
기획편집 이미순, 유효주
표지 디자인 필요한 디자인   **본문 디자인** 금목서향
마케팅 총괄 나재승   **마케팅** 서재욱, 오승수
온라인 마케팅 김철영, 하유진
인터넷 관리 김상규
제작 현대순
총무 윤선미, 안서현, 지이슬   **관리** 김훈희, 이국희, 김승훈, 최국호

발행처 ㈜동양북스
등록 제2014-000055호
주소 서울시 마포구 동교로22길 14(04030)
구입 문의 (02)337-1737 **팩스** (02)334-6624
내용 문의 (02)337-1763 **이메일** dymg98@naver.com

ISBN 979-11-5768-934-7 03190